영어의
갈증을
풀어주는
영어 해설

시니어 영어 시리즈 1

영어의 갈증을 풀어주는 **영어 해설**

초판 1쇄 인쇄 2020년 3월 14일
초판 1쇄 발행 2020년 3월 23일

지은이	오석태
발행인	임충배
홍보/마케팅	양경자
편집	김민수
디자인	여수빈, 정은진
펴낸곳	도서출판 삼육오 (Pub.365)
제작	(주)피앤엠123

출판신고 2014년 4월 3일
등록번호 제406-2014-000035호

경기도 파주시 산남로 183-25
TEL 031-946-3196 / FAX 031-946-3171
홈페이지 www.pub365.co.kr

ISBN 979-11-90101-30-1 13740
© 2020 PUB.365 & 오석태

이 도서의 국립중앙도서관 출판예정도서목록(CIP)은 서지정보유통지원시스템
홈페이지(http://seoji.nl.go.kr)와 국가자료공동목록시스템(http://kolis-net.nl.go.kr)에서
이용하실 수 있습니다. (CIP제어번호: CIP2020009276)

영 어 의
갈 증 을
풀 어 주 는
영어 해설

시니어 영어 시리즈 1

저자 오석태

서문

시니어영어.
철저한 차별과 홀대 속에 존재하는 시니어라는 단어. 거기에 영어가 붙으면 더욱더 처절하고 비참한 어휘로 전락하고 맙니다.

몇 살부터 시니어인가.

의견이 분분합니다. 어떤 환경에 노출되어 있는가에 따라서 시니어의 기준나이는 달라집니다. 보통, 사회생활을 기준으로 볼 때 정년퇴직에 해당되는 나이를 시니어 나이라고 합니다. 55세에 정년퇴직이면 55세부터 시니어가 되는 것이고 60세가 정년이면 60이 시니어 나이입니다.

우리, 60을 시니어의 출발이라고 보죠. 2020년 기준으로 1960년생부터가 시니어에 포함되는 겁니다.

시니어영어.

시중에 판매되고 있는 시니어영어책들. 그 책들은 지금 초등학교 1학년생들이 배우는, 아니 유아들이 배우는 영어를 들고 나와서 그것들이 바로 시니어영어라고 부추기고 있습니다.

그게 정말 시니어영어일까요?

1960년부터 그 이전에 출생한 시니어들이 과연 유아시절로 돌아가서 그 영어를 배워야 되는 걸까요?

이건 심한 시니어 학대, 그리고 영어학대라는 생각이 듭니다. 적어도 제 시각에서는 그렇습니다.

1960년을 시작으로 그 이전에 대학을 나오지 못한 분들이 과연 얼마나 될런지요. 대학졸업생들에게 유아영어를 들고나와서 여러분들을 위한 영어입니다!!!!하고 외치면, 그거 사기치는 거 아닐까요?

물론, 나이를 불문하고 학창시절에 영어를 등한시해서 전혀 영어에 대한 감각이 없는 사람들을 위한 영어책은

얼마든지 나올 수 있습니다. 그런 책들은 시니어를 위한 책이 아니라 영어 초급자들을 위한 책이어야 합니다. 나이로 영어수준을 결정하는 것이 아니라 영어에 대한 과거의 관심사로 영어수준을 결정해야 한다는 겁니다. 시니어를 위한 영어가 바로 초보영어라는 고정관념 속에서 헤어나지 못한다면 그건 정말 너무도 고리타분하고 터무니없는 실수이자 시니어들을 지나치게 개무시하는 처사입니다.

저는 교회에서 7년, 문화센터에서 3년, 도합 10년을 시니어들을 위하여 영어회화와 영문법, 그리고 팝송, 스크린 영어 등을 강의한 경험이 있습니다. 그리고 지금도 시니어들과 함께 하고 있습니다. 그런 제가 드리는 말씀입니다.

영어는 수준에 맞게 익혀야 합니다. 나이 수준, 지적인 수준, 그리고 사회적인 수준에 맞추어서 배우고 익혀야 합니다. 이미 오래전에 대학을 졸업한 시니어들은 영어에 목말라 있습니다. 허나 그들을 위한 영어책이 없습니다. 시니어들의 수준에 맞는 영어, 그들이 갈급했던 영어,

그런 영어책이 필요합니다.

시니어들은 스스로 영어를 모른다 말합니다. 영어를 못한다 말합니다. 하지만 실제로는 영어에 대한 감각이 매우 뛰어납니다. 단지, 영어를 입으로 뱉지 못한다는 사실 때문에, 그런 자신감이 없기 때문에 스스로 영어를 못한다고 자책하는 것뿐입니다.

그런 시니어들이 시중에 나와 있는 시니어영어책을 펼쳐 보면서 혀를 끌끌 찹니다. 이게 뭐야…나를 지금 이렇게 보는 거야? 배신감, 소외감, 그리고 절망감마저 들고 맙니다.

이래서야 되겠습니까?

영어는 말이 다가 아닙니다. 지금시대는 말하기 위한 영어가 다가 아닙니다. 영어를 통한 지식의 축적이 훨씬 필요하고 중요한 시대입니다. 글을 읽는 능력이 필요합니다. 그리고 글을 쓰는 능력이 필요합니다.

진정한 시니어를 위한 영어책. 시니어들의 지적 수준에

맞는 영어책. 시니어들에게 새로운 활기를 불어넣어줄 수 있는 영어책. 시니어들에게 새로운 희망과 미래를 자극할 수 있는 영어책. 그런 영어책이 필요합니다.

바로 이 책을 출발로 시니어영어는 새로운 시대를 열게 될 것입니다.

시니어 여러분들.

지금까지 영어에 있어서 만큼은 무거웠던 발걸음을 저와 함께 경쾌한 발걸음으로 바꿔 보시지요.

여러분 곁에 저 오석태가 있습니다.

2020년 3월 대표 시니어 오석태 드림

목차

더스틴
호프만

Dustin Hoffman

더스틴 호프만…이 이름을 들으면 어떤 영화가 생각나세요? 〈The Graduate; 졸업〉, 그리고 〈Tootsie; 투씨〉도 빠지지 않습니다.

그는 1937년생이에요. LA에서 태어났습니다. 〈졸업〉이 그의 첫 영화에요. 1968년에 발표되었습니다. 더스틴 호프만이 서른 한 살 때였습니다. 1968년. 참 까마득하죠? 여러분은 그 때 어떤 모습이었는지 기억나세요?

당시는 베트남 전쟁이 한창일 땝니다. 북베트남과 남베트남 사이의 전쟁이었습니다. 북군은 소련과 중국을 비롯한 공산국가들의 지원을 받았고 남베트남은 미국, 한국을 비롯한 반공산국 연맹의 지원을 받았죠. 1955년에 시작되어 장장 19년 동안 계속되었고 1975년에 끝난 전쟁입니다. 우리나라는 육군 맹호부대, 백마부대, 그리고 해병 청룡부대가 참전했습니다. 맹호, 백마, 청룡, 그 이름들은 아직도 귀에 쟁쟁합니다.

나중에 미국이 베트남 전쟁에서 발을 뺐을 때 미국을 향한 세계의 지탄은 굉장했습니다. 그 때 미국은 이렇게 말했죠.

Am I my brother's keeper?

성경에 나오는 말입니다.

인류 최초의 살인자 가인(Cain)이 동생 아벨(Abel)을
죽인 후에 아벨의 거취를 묻는 하나님께 대들면서 하는
말이죠.

제가 제 동생을 돌보는 사람입니까?

성경에서 유래되어 지금 이 시대에 즐겨 사용되는 표현
들 참 많습니다.

영화 〈졸업〉은 1963년에 발표된 동명 소설을 영화화한
작품입니다. 작가는 찰스 웹(Charles Webb)입니다. 더스
틴 호프만은 이 영화에서 대학을 갓 졸업한 스물 한 살의
젊은이 벤자민 브래독(Benjamin Braddock) 역할을 맡았
습니다. 서른 한 살에 열 살 어린 역할을 맡았지만 굉장히
어울린다는 느낌을 받습니다. 워낙 연기를 잘해서 그랬겠
지요.

소설과 마찬가지로 영화는 벤자민의 대학졸업을 축하하
는 파티가 집에서 열리는 장면부터 시작됩니다. 파티에는

벤자민의 부모와 오랜 친분이 있는 로빈슨 여사가 참석하지요. 파티 도중 그녀는 벤자민에게 집까지 차로 바래다 달라고 부탁합니다. 집에 도착 후 그녀는 어두운 집이 무섭다며 벤자민을 집 안으로 끌어들입니다. 벤자민은 로빈슨 여사가 자신을 유혹하고 있음을 눈치채지요. 영화 대사 확인해 볼까요?

Mrs. Robinson

Will you take me home?

Benjamin

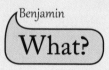
What?

Mrs. Robinson

My husband took the car.
Will you drive me home?

해석이 그다지 어렵지 않습니다.

Mrs. Robinson   Will you take me home?

나를 집까지 데려다 주겠니?

Will you ~? 패턴은 부탁할 때 사용하지요. take me home은 '나를 집까지 데려다 주다'의 의미입니다. 동사 take는 '데려다 주다'의 의미이고 home은 명사 '집'이 아니라 '집으로', '집까지', '집에' 등의 의미를 갖는 부사로 쓰이고 있습니다. 만일 명사 home을 이용한다면 Will you take me to my home?이라고 해야 합니다.

Benjamin   What?

뭐라고요?

Mrs. Robinson   My husband took the car.

남편이 차를 가지고 갔어.

Will you drive me home?

차로 나 좀 집까지 데려다 줄래?

동사 drive는 '~을 차로 바래다 주다'의 의미를 갖습니다. 타동사로 쓰이고 있어요. I don't drive.라고 하면 "나

운전 못해."의 의미가 되지요. drive 뒤에 목적어가 없어요. 자동사이지요. 그런데 drive me에는 목적어 me가 있잖아요. 타동사인 겁니다. '나를 차로 바래다 주다'의 뜻입니다. home은 역시 부사로 쓰인 겁니다.

벤자민이 운전하는 자동차로 집에 도착한 로빈슨 여사는 이렇게 말합니다.

Will you come in, please?

What?

I like you to come in till I get the lights on.

언뜻 보면 해석이 어려울 것 같지 않은데 마지막 문장이 약간 걸립니다. 게다가 발음을 주의해서 연습해야 합니다. 영화대사로 영어를 공부한다는 것은 단지 표현해석으로 끝나는 것이 아니라 그 표현을 귀로 듣고 이해할 수 있도록 연습하는 것이 중요하지요. 일단 대화를 해석해 봅니다.

Mrs. Robinson	Will you come in, please? 안으로 들어올래?
Benjamin	What? 뭐라고요?
Mrs. Robinson	I like you to come in till I get the lights on. 내가 불을 다 켤 때까지 좀 들어와 있으면 좋겠는데.

I like you to ~ 패턴은 '난 네가 ~하면 좋겠어'의 뜻이고 come in은 '안으로 들어오다'입니다. in은 전치사 아닌 부사로 쓰인 겁니다. 뜻은 '안으로'입니다.

로빈슨 여사의 제안에 깜짝 놀란 로빈슨은 "뭐라고요?"라는 의미로 What?이라 말합니다. 보통 때는 어른에게

What?이라고 하지 않지요. 반말이기 때문에 그렇습니다. 하지만 지금처럼 뜻밖의 제안, 또는 충격적인 제안에 깜짝 놀란 상황에서는 충분히 사용 가능합니다.

get the lights on이 이해하기 쉽지 않습니다. 눈으로 보고도 이해가 잘 되지 않을 수 있지요. '집안의 불들을 the lights 켜진 상태로 on 둔다 get'라는 뜻입니다. 그렇다면 이 문장을 귀로 듣고 이해가 가능하냐는 겁니다. 발음을 확인해볼까요?

I like you to come in till I get the lights on.

우선 강세부터 확인합니다. 문장의 강세를 모르면 영어를 듣고 이해할 수 없습니다. 강세는 강한 악센트를 뜻하지요. 문장에서 강세를 갖는 어휘들은 문장의 의미를 주도하는 어휘들입니다.

이 문장에서는 like, come, in, till, get, lights, on 등이 강세를 갖습니다. like와 come, get 이 세 단어는 동사이기 때문에, in과 on은 부사이기 때문에, till은 접속사이기 때문에, 그리고 lights는 명사이기 때문에 강세를 갖는 것입니다.

다음에는 단어와 단어 사이의 연음에 신경 써야 합니다. 1)단어가 [l]로 시작될 때는 바로 앞 발음의 받침에 [l]를 붙여서 발음하면 됩니다. 따라서 [아이 라이크]가 아니라 [아일라이크]로 발음하게 됩니다. 2) 자음과 모음이 이어지면 자음의 발음이 모음에 붙어 살아나게 되지요. 그래서 like you는 [라이크 유]가 아니라 [라이큐]로 연음됩니다. come in은 [컴 인]이 아니라 [커민]으로 소리나지요. till I는 [틸 아이]가 아니라 [틸라이]로 발음되고 lights on은 [라이츠 온]이 아니라 [라이촌]으로 소리납니다. 3) [t]는 모음 사이에서 [r]로 연음됩니다. 따라서 like you to는 [라이큐 투]가 아니라 [라이큐루]로 발음됩니다. 결국 최종으로 이 문장의 발음은,

I like you to come in till I get the lights on.
아일**라이큐루커민틸**라이**겟**더**라이촌.**

이 됩니다. 이렇게 발음할 수 없으면 원어민이 이 문장을 발음할 때 내 귀에는 절대 들리지 않습니다. 또한 상대는 내 말을 절대 알아들 수 없습니다.

다시 한번 발음해 보세요.

I like you to come in till I get the lights on.

아일라이큐루커민틸라이**겟**더**라이촌.**

어영부영 집안으로 들어간 벤자민에게 로빈슨 여사는
술을 권합니다.

What do you drink? Bourbon?

Look, Mrs. Robinson, I drove you home. I was glad to do it. But I have some things on my mind. Can you understand that?

Benjamin, I'm sorry to be this way, but I don't want to be left alone in this house.

Why not?

Please wait till my husband gets home.

When is he coming back?

보통은 소설책에 나온 대화가 영화 속에 그대로 재현되는 경우가 흔치 않은데 이 영화는 원작 소설 속의 대화가 거의 그대로 등장합니다. 지금의 대화는 특히 일반 회화에서의 활용도가 대단히 높은 내용입니다. 해석해볼까요?

Mrs. Robinson   What do you drink?
평소에 무슨 술 마시니?
Bourbon?
버번 위스키 한 잔 할래?

What do you drink?를 흔히 "무슨 술 마실래?"로 해석하겠죠? 하지만 정확한 해석은 "평소에 무슨 술을 즐겨 마시니?" 입니다. 현재시제가 쓰이면 '평소에', '보통' 등의 의미를 갖게 되지요.

여기에는 "무슨 술 마실래?"에 포함되는 '의지'나 '생각'은 전혀 포함되어 있지 않습니다. 따라서 "무슨 술 마실래?"를 영어로 바꾼다면 What do you want to drink? 정도가 되겠지요. 예의 있게 표현한다면 What would you like to drink?가 되겠고요.

Benjamin	Look, Mrs. Robinson, I drove you home.
	아주머니, 제가 댁까지 모셔다드렸잖아요.
	I was glad to do it.
	저 기분 좋게 모셔다드린 겁니다.
	But I have some things on my mind.
	그런데 제가 지금 생각할 것들이 좀
	있거든요.
	Can you understand that?
	이해하시겠어요?

be glad to 형태는 아주 자주 활용되는 패턴입니다. glad가 '매우 기분 좋은'의 뜻이에요. 따라서 be glad to 는 '아주 기분 좋게 기꺼이 ~을 하다'의 의미를 전하지요. have some things on my mind에서 mind는 '마음'이 아니라 '생각'을 뜻합니다. mind는 '생각', heart는 말 그대로 '마음'을 뜻합니다. 혼동하지 마세요. 그래서 "지금 무슨 생각하고 있니?"를 What's on your mind?라고 표현합니다. 그렇다면 have some things on my mind는 어떻게 해석할까요? 그렇습니다. '생각할 것들을 가지고 있다', '생각할 것들이 좀 있다' 등으로 이해합니다.

Mrs. Robinson	Benjamin, I'm sorry to be this way,
	벤자민, 아줌마가 이런 행동을 해서 미안
	하구나,
	but I don't want to be left alone in this
	house.
	하지만 아줌마는 이 집안에 혼자 있고
	싶지 않아서 그래.

I'm sorry to be this way.가 우리에게는 쉽지 않은 표현입니다. this way는 '이런 식'입니다. 부사적 느낌이지요. 여기에서 '이런 식'이란 '상대의 의사는 완전히 무시한 상태에서 집까지 데려다 달라하고 집안으로 들어오라 하고 술 마시자 하는 등의 말과 행동'을 뜻합니다. 그래서 이 문장을 "내가 이런 식으로 멋대로 말하고 행동해서 미안해."라고 이해합니다. be left alone은 '혼자 놓여 있다', 또는 '혼자 덩그러니 남겨져 있다' 등으로 이해합니다.

Benjamin	Why not?
	혼자 있는 게 왜 싫은 건데요?
Mrs. Robinson	Please wait till my husband gets home.
	남편이 돌아올 때까지 좀 기다려줘.

Benjamin   When is he coming back?
아저씨가 언제 돌아오시는데요?

When is he coming back?에는 현재진행시제가 쓰였어요. 그런데 의미는 미래잖아요. 이런 걸 현재진행시제가 미래를 대신한다…라고 말하지요. 예전에 들어본 적 있으시지요? 물론 하도 오래 전이라서 잊으셨겠지만요 ^^. 가까운 미래에 일어날 이미 정해진 사실을 말할 때 현재진행형을 이용하는 겁니다. 여기에는 아무런 '의지'나 '감정'이 포함되어 있지 않습니다. 그저 '사실'만을 말하는 겁니다.

"나 내일 떠나."는 영어로 **I'm leaving tomorrow.**라고 합니다. 그럼 이게 궁금해지지 않으세요? **I will leave tomorrow.**와는 의미가 다른 건지? 예, 다릅니다. 여기에는 **will**로 인해서 '의지'가 포함됩니다. 결국 "나 내일 떠나."가 아니라 "나는 내일 떠날 거야."가 되는 겁니다. '사실'을 말하는 게 아니라 떠날 '의지'를 말하고 있는 겁니다. 그것도 '갑작스러운 결심에 의한 의지'입니다.

이처럼 제대로 된 영어는 우리가 이제껏 알고 있었던 것과 상당히 거리감이 있습니다. 이제부터는 정말 제대로 된 영어를 배워보자고요^^.

 그러면 이제 더스틴 호프만의 명작 중 하나인 〈투씨〉에 관한 얘기 좀 해볼까요?

 〈투씨〉는 시드니 폴락(Sydney Pollack) 감독의 작품이었어요. 상당히 친숙한 이름이지요. 2008년에 세상을 떠났습니다. 감독 뿐 아니라 배우로서도 매우 인기 있었습니다. 기억나는 건 우디 앨런(Woody Allen) 감독의 〈Husbands and Wives; 1992〉에서 주인공으로 연기하던 모습입니다. 이 영화를 본 기억이 없으시다면 꼭 한번 보세요. 우디 앨런 감독 특유의 스토리 전개와 대사처리, 그리고 배우들의 연기가 매우 인상적입니다.
 시드니 폴락 감독의 작품으로는 로버트 레드포드(Robert Redford)와 바브라 스트라이샌드(Barbra Streisand)가 주연했던 〈The We Were; 1973〉, 역시 로버트 레드포드와 메릴 스트립(Meryl Streep)이 주연했던 〈Out of Africa; 1985〉, 톰 크루즈(Tom Cruise) 주연의 〈The Firm; 1993〉 등이 기억납니다.
 바브라 스트라이샌드는 일반 대중들 뿐 아니라 미국의 가수들이 가장 존경하는 최고의 가수입니다. 한때 그녀의 이름을 스트라이잰드로 발음하는 사람들과 스트라이샌드로 발음하는 사람들이 양분되어서 그녀가 직접 정리한 발음이 바로 스트라이샌드입니다.

더스틴 호프만은 1980년에 〈Kramer vs. Kramer (크래머 대 크래머)〉로 아카데미 주연상을 처음 받았죠. 메릴 스트립과 연기했습니다. 메릴 스트립 대단한 배우죠? 그리고 1989년에는 톰 크루즈와 공동 주연을 맡았던 〈Rain Man; 레인맨〉으로 두 번째 아카데미 주연상을 받게 됩니다. 골든 글로브(Golden Globe)는 다섯 번 받았어요. 〈The Graduate; 1968〉, 〈Kramer vs. Kramer〉, 〈Tootsie; 1983〉, 〈Death of a Salesman; 세일즈맨의 죽음(1986)〉, 〈Rain Man〉 등을 통해서 입니다.

아이쿠, 〈투씨〉에 관한 이야기를 한다면서 또 삼천포로 빠졌네요.

혹시 영화 〈투씨〉에 나오는 영화음악 기억나세요. 그렇죠. 기억하시네요. "It Might Be You"입니다. 스티븐 비숍(Stephen Bishop)이 불렀죠.
"It Might Be You"의 앞부분을 확인해볼까요?

Time...
I've been passing time watching
trains go by
All of my life
Lying on the sand watching sea
birds fly
Wishing there would be
someone waiting home for me
Something's telling me it might
be you
It's telling me it might be you
All of my life

Looking back as lovers go
walking past
All of my life
Wondering how they met and
what makes it last
If I found the place
Would I recognize the face
Something's telling me it might
be you
Yeah, it's telling me it might be
you

Time...

시간…

I've been passing time watching trains go by

지금껏 나는 수많은 열차들이 지나는 모습을 지켜보며
시간을 보냈습니다.

All of my life

이제껏 나의 삶이 그랬습니다.

Lying on the sand watching sea birds fly

모래위에 누워 바다새가 나르는 모습을 지켜보며

Wishing there would be someone waiting home for
me

집에서 나를 기다리는 누군가가 있다면 얼마나 좋을
까…라는 소망을 품으며 일생을 보냈습니다.

Something's telling me it might be you

뭔가 내게 말하고 있습니다. 그게 바로 당신일 지 모른다
고.

It's telling me it might be you

그게 당신일 지 모른다고 말해주고 있습니다.

All of my life

내 평생동안.

Looking back as lovers go walking past

연인들이 나를 지나쳐 걸어가는 모습을 뒤돌아보며

All of my life

내 일생을 보냈습니다.

Wondering how they met and what makes it last

저들은 어떻게 만났을까, 어떻게 저들은 저 만남과 사랑을

계속 이어갈 수 있는 걸까…궁금해 하면서 일생을 보냈습

니다.

If I found the place

내가 만일 저 자리에 선다면

Would I recognize the face

나는 내 사람의 얼굴을 알아볼 수 있을까.

Something's telling me it might be you

뭔가 내게 말해줍니다. 그게 바로 당신일지 모른다고.

Yeah, it's telling me it might be you

예, 그게 바로 당신일지도 모른다고 말해주고 있습니다.

가사가 참 애달프죠. 평생 사랑을 기다리고, 또 그 사랑
을 기대하고 살면서 마음의 결이 얇아지고 너덜너덜해진
상태에서 결국 내가 기다려온 사랑이 바로 당신일지 모른
다는 믿을 수 없는, 감격스러운 마음을 수줍게 털어놓는

노래입니다.

제목에 쓰였지만 노랫말 후렴구에 계속 등장하는 It might be you. 조동사 might에서 주인공의 수줍음이 그대로 드러납니다.

언어라는 게 그래요. 어떤 단어를 사용하느냐, 어떤 문법의 힘을 빌리느냐에 따라서 느낌이 완전히 달라집니다. 여러분, 학교 다니실 때 그렇게 배우셨을 거에요. 조동사 might는 '희박한 가능성'을 말한다…고요. 이루어질 가능성이 희박하다는 거죠. 그리고 더 이상 그 어떤 설명도 들어본 적이 없을 겁니다. 물론 요즘 학생들도 전혀 다르지 않습니다. 거기까지가 might 설명의 전부입니다. 하나만 더 설명을 추가해볼까요?

might는 그렇기 때문에 매우 조심스러운 마음을 전합니다. 대놓고, 직설적으로 가능성을 자랑하지 않습니다. 아주 작은 가능성을 얼굴을 붉히며 멋적은 듯 조심조심 꺼내 보입니다. 사실 마음 속 기대감은 엄청 크지만 혹시 그게 사실이 아닐 수도 있고 섣불리 입으로 내뱉었다가 서로에게 상처로 돌아올 수도 있으니 떨리는 마음에 마음을 사알짝 열어보는 겁니다. 그 느낌이 바로 조동사 might로 전달됩니다.

It might be you.

나는 당신이었으면 좋겠는데. 정말 그랬으면 좋겠는데. 혹시 당신은 내가 아닐지도 모르니. 이렇게 조심스럽게 마음을 열어봅니다. 평생 내가 기다려왔던 사람. 그 사람이 바로 당신이 아닐지…

영화 〈투씨〉의 대사 전체에서 might는 딱 한 번 등장합니다. 주인공이 여자 주인공에게 남자 대 여자로 만나서 사랑을 나누자는 고백을 우회적으로 하는 장면입니다.

At this point,
in our relationship,
there might be an advantage to
my wearing pants.

지금 우리 관계에 있어서 내가 이렇게 치마가 아닌 바지
를 입고 있는 게 혹시 더 유리하게 작용할 수 있지 않을
까… 싶은데.

이 부분에서 my wearing pants는 '남자'를 상징하는 말로 쓰이고 있습니다.

이 대사로 남자의 마음을 확인하며 그의 사랑을 받아들이기로 결정한 여자 주인공. 그녀의 표정이 밝게 변하며 It Might Be You가 흘러나옵니다.

might가 다른 곳에서는 어떻게 활용되고 있는지 살짝 확인해볼까요?

지금은 세상을 떠난 스티브 잡스(Steve Jobs)는 1955년에 태어나자 마자 입양됐죠. '아이를 입양하다'의 뜻으로는 adopt를 쓰고 '입양되다'는 be adopted라고 합니다. 그러면 지금 말씀드린 "스티브 잡스는 1955년에 태어나자 마자 입양되었다."를 영어로 바꾸면 어떻게 될까요?

Steve Jobs was adopted soon after his birth in 1955.

'태어나자 마자'를 soon after his birth라고 표현하는 건 참 생소하지요? 하지만 흔히 사용하는 표현이니 꼭 기억해 두셔야겠습니다.

스티브 잡스를 입양한 폴 잡스(Paul Jobs)와 클라라 잡스(Clara Jobs)는 그를 입양하는 순간 대학까지 반드시 보내리라고 결심했답니다. 폴은 고등학교 중퇴자였어요. 그래서 입양한 아들은 자신보다 좋은 교육을 받게 하고 싶었던 것이죠. '중퇴자'는 dropout입니다. 그 목표를 이루기 위해서 두 사람은 정말 열심히 일했다죠. 결국 스티브 잡스는 1972년에 오리곤(Oregon) 주, 포틀랜드(Portland)에 있는 리드 칼리지(Reed College)에 들어가게 됩니다.

2011년에 발표된 월터 아이작슨(Walter Isaacson)의 스티브 잡스 전기(biography)를 보면 스티브 잡스는 처음에는 대학에 들어갈 생각이 없었답니다. 그때를 회상하며 잡스는 이렇게 말했습니다.

I think I might have headed to New York if I didn't go to college.

아마 제가 대학에 들어가지 않았으면 뉴욕으로 갔을 겁니다.

조동사 might가 역시 희박한 가능성을 말합니다. 본문은 이미 오래 전에 지난 일을 생각하며 '그러지 않았을까 싶습니다' 정도의 느낌으로 던지는 말이지요. 그 희박한 가능성에 타당성을 부여하는 패턴이 바로 I think에요. 확실하진 않지만 그런 생각이 든다는 겁니다.

스티브 잡스가 입학한 리드 칼리지는 당시에 미국내에서 가장 학비가 비싼 학교들 중의 하나였다고 합니다. 그런데 잡스는 입학 후 한 학기만 마치고 학교를 그만둡니다. 부모님께는 전혀 알리지 않고 말이죠. 잡스의 자퇴 이유를 위키피디아(Wikipedia)는 이렇게 설명하고 있습니다.

He decided to drop out
because he did not want to
spend his parents' money
on an education that
seemed meaningless to him.

잡스는 자퇴하기로 결심했습니다. 부모님의 돈을 자신에
게 무의미한 것 같은 교육에 쓰고 싶지 않았던 겁니다.

"It Might Be You"로 돌아갑니다.

혹시 이 노래가 기억나지 않는 분들, 그리고 과거의 추억을 더듬고 싶은 분들은, 세상 참 좋죠. YouTube에 들어가셔서 바로 확인 가능합니다. 오늘, 아니 지금 이 순간 유투브에 들어가셔서 It Might Be You를 쳐보세요. 노래가 바로 나옵니다. 그리고 스티븐 비숍의 얼굴까지 확인할 수 있습니다. 그가 라이브로 부르는 것까지 감상이 가능하니 참 좋은 세상이지요. 유투브가 탄생하기 전까지는 다 돈 내고 사봐야 되는 것들이었어요. 그런데 이게 다 공짜로 세상에 풀린 겁니다. 그렇다면 활용하셔야지요. 당연히. 세상이 변하면, 그래서 세상이 좋아지면, 그걸 누려야 하지 않겠어요? 난 그런 건 모르겠고…하면서 쓸데 없는 아집만으로 억지로 세월을, 세상을 부정할 필요 없지요. 비틀즈, 하면 무슨 노래가 생각나세요? 그렇죠. "Let It Be". 최고의 명곡입니다. 그 의미가 바로 "세상의 흐름에 순응하라"입니다.

"Let It Be" 가사도 확인하고 넘어갈까요?

When I find myself in times of trouble
Mother Mary comes to me
Speaking words of wisdom, "Let it be."

And in my hour of darkness
She is standing right in front of me
Speaking words of wisdom, "Let it be."

Let it be, let it be, let it be, let it be
Whisper words of wisdom, "Let it be."

And when the broken−hearted people living in the
world agree
There will be an answer, "Let it be."
For though they may be parted
There is still a chance that they will see
There will be an answer, "Let it be."

Let it be, let it be, let it be, let it be
Yeah, there will be an answer, "Let it be."

Let it be, let it be, let it be, let it be
Whisper words of wisdom, "Let it be."
Let it be, let it be, let it be, yeah, let it be
Whisper words of wisdom, "Let it be."

And when the night is cloudy
There is still a light that shines on me
Shine on 'til tomorrow
Let it be

I wake up to the sound of music
Mother Mary comes to me
Speaking words of wisdom, "Let it be."

1970년도에 발표된 노래에요. 최고의 인기를 누리던 비틀즈였지만 멤버들 간의 갈등은 당연히 존재하고 있었죠. 폴 매카트니(Paul McCartney)는 존 레논(John Lennon)과의 불편한 관계를 극복하기 힘들어 비틀즈에서 탈퇴할 생각에 고심하고 있었습니다. 그러던 어느 날 꿈 속에서 그의 어머니가 나타납니다. 그녀의 이름은 Mary였지요. 어머니 Mary는 꿈속에서 폴에게 탈퇴는 올바른 방법이 아니다. 세상이 흐르는 대로, 순리대로 살도록 해라…라는 메시지를 전하고 사라집니다. 아침에 눈을 뜬 폴은 결국 이 노래를 만들어 부르게 되지요. 그리고 Yesterday와 함께 비틀즈 최고의 히트 곡으로 자리하게 됩니다.

기억하시죠? 우리나라에 〈장학 퀴즈〉가 최고의 인기를 누리던 때가 있었습니다. 당시에 이 노래에 등장하는 Mother Mary가 누구냐는 퀴즈 문제가 출제되었습니다. 안타깝게도 정답이 성모 마리아라는 실수가 있었지요. 제작진들은 노래의 흐름상 당연히 성모 마리아일 거라고 추측했겠죠. 하지만 그건 엄청난 오류였습니다. 성모 마리아가 아니라 폴 메카트니의 어머니였던 겁니다. 이후로 수정 방송이나 사과 방성이 없었던 걸로 보면 아무도 항의하거나 아무나 그 실수를 인지한 사람이 없었다는 거겠지요. 물론 저도 한참이 지나서야 그 사실을 알게 되었으니까 말입니다.

"Let It Be" 해석해봅니다.

When I find myself in times of trouble

나도 모르게 내가 혼란한 상황 속에서 허우적거리고 있다는 사실을 알게 될 때

동사 find를 제대로 이해해야 됩니다. 단지 '뭔가를 발견하다'에서 끝나지 않습니다. '어떤 사실을 알게 되다'라는 의미가 있어요. 보다 정확히 해석하면 '나도 모르는 사이에 어떤 사실을 깨닫게 되다'가 됩니다.

여기에서 중요한 부분은 '나도 모르는 사이에'입니다.

Mother Mary comes to me

어머니께서 내게 다가오셔서

Speaking words of wisdom, "Let it be."

지혜의 말씀을 주십니다, "세상 흘러가는 대로 살아라."

speaking words of wisdom의 정확한 의미는 '지혜의 말씀을 하시면서'입니다. 현재분사는 '~을 하면서'로 해석해야 합니다.

And in my hour of darkness

그리고 내가 어둠 속에서 헤맬 때

She is standing right in front of me

어머니는 내 앞에 서서

Speaking words of wisdom, "Let it be."

지혜의 말씀을 해주십니다, "세상 일에 역행하지 말고 순응해라."

Let it be, let it be, let it be, let it be

세상의 흐름에 맡겨라, 순응해라.

Whisper words of wisdom, "Let it be."

지혜의 말씀을 속삭여 주십니다, "렛잇비."

And when the broken-hearted people living in the world agree

그리고 이 세상 상심한 모든 사람들이 같은 생각이라면

이 노래에서 해석이 가장 어려운 부분입니다. 문장의미의 완성이 가장 애매한 부분이에요. when은 '~일 때'이지만 '~라면'으로 해석하는 것이 좋을 때가 있습니다. 또한 동사 agree는 '동의하다'이지만 '생각이 같다'로 해석하면 훨씬 더 자연스러울 때가 있지요.

There will be an answer, "Let it be."

분명 답이 있을 겁니다, "그저 흘러가는 대로 살아라."

For though they may be parted

그 이유는, 비록 이별하는 일이 생긴다 해도

though는 '~이더라도'의 의미입니다. 이 문장에는 조동사 may가 쓰였습니다. might보다 가능성이 조금 높은 경우이지요. 동사 part는 '서로 갈라 놓다'의 의미이며 be parted는 '어떤 이유에서든 헤어지다'로 이해합니다.

There is still a chance that they will see

여전히 그들에게는 기회가 있기 때문입니다. 그들이 이해할 기회 말이지요.

동사 see는 '~을 보다'가 아니라 '~을 이해하다'의 의미로 쓰이고 있습니다. 여기에서 그들이 이해할 내용은 바로 다음에 나옵니다.

There will be an answer, "Let it be."

분명 답이 있을 거라는 거죠, "순리대로, 흐름대로 살아라."

노랫말을 이해할 때는 가끔 문장이 어떻게 연결되는지

가 혼란스러울 때가 있습니다. 그럴 때는 노래를 들으면서 가수의 호흡이 어떻게 이어지고 가수의 감정이 어떻게 연결되는 지를 잘 이해할 필요가 있습니다.

Let it be, let it be, let it be, let it be
렛잇비, 렛잇비, 렛잇비, 렛잇비
Yeah, there will be an answer
그래요, 분명히 답은 있을 겁니다.
Let it be
순리대로 살면 된다는.
Let it be, let it be, let it be, let it be
렛잇비, 렛잇비, 렛잇비, 렛잇비
Whisper words of wisdom
현명한 말씀을 속삭여 주십니다.
Let it be
세상을 역행하지 말고 순리대로 살아라.
Let it be, let it be, let it be, yeah, let it be
렛잇비, 렛잇비, 렛잇비, 그래요, 렛잇비
Whisper words of wisdom, "Let it be."
지혜의 말씀을 속삭여 주십니다, "순리대로 평범히 살아라."

And when the night is cloudy

그리고 밤이 어둡고 구름이 가득할 때

There is still a light that shines on me

여전히 한 줄기 빛이 내 위에서 빛납니다.

Shine on 'til tomorrow

내일까지 계속 빛이 납니다.

shines on me와 shine on에서 on의 의미는 다릅니다. shines on me에서 on은 전치사로서 on me 즉, '내 위에서'의 의미가 되고 shine on에서 on은 부사로서 '계속'의 의미를 갖습니다. 그래서 shine on은 '계속 빛나다'로 해석합니다.

Let it be

그냥 순리대로 살아가세요.

I wake up to the sound of music

음악소리에 잠에서 깹니다.

wake up to는 '~때문에 잠에서 깨다'의 의미입니다. 전치사 to의 활용이 매우 중요합니다.

Mother Mary comes to me
어머니가 내게 오셔서
Speaking words of wisdom, "Let it be."
지혜의 말씀을 들려주십니다, "세상의 흐름에 순응하며 살아라."

이젠 더스틴 호프만에게 아카데미 주연상을 안겨준 영화〈Rain Man〉얘기해볼까요?

더스틴 호프만은 서번트 증후군과 자폐증 연기를 뛰어나게 해내며 이 영화로 아카데미 주연상을 받게 됩니다. 서버트 증후군은 영어로 savant syndrome이라 하지요. 지적 능력이 정상인보다 떨어지지만 특별한 분야에서는 탁월한 능력을 보이는 증후군입니다. 자폐증은 영어로 autism입니다. 형용사는 autistic이에요. 굉장히 낯설죠? 하지만 지금부터는 익숙한 단어이어야 합니다. "그는 자폐증에 걸렸다."는 말을 두 가지로 표현할 수 있어요. 명사형을 이용하면 He's suffering from autism.이 되고 형용사형을 쓰면 He's autistic.입니다. 하지만 이 두 개의 표현이 주는 감성은 똑같지 않습니다. suffer from autism은 '자폐증에 걸려서 여러가지로 고통받는다'는 느낌이고 형용사를 쓰면 그저 '자폐증에 걸린 상태'만을 말할 뿐입니다. 말이라는 것은 각각의 감정을 담고 있기 때문에 적절한 상황에서 적절한 감정으로 잘 사용해야겠습니다.

정신병원에서 처음 알게 된 자신의 형에 대해서 찰리 배빗(Charlie Babbitt; 톰 크루즈분)이 담당의사인 브루너 (Bruner)에게 질문하는 장면입니다.

Charlie

What is he, crazy?

Bruner

No.

Charlie

Is he retarded?

Bruner

Not exactly.

Charlie

Not crazy or retarded, but he's here.

Bruner

He's an autistic savant.

Charlie

I don't know what that means.

Bruner

People like him used to be called 'idiot savants.'
They have certain deficiencies,
certain abilities.

이런 내용입니다.

Charlie   **What is he, crazy?**
　　　　저 사람 뭐에요, 미친 거에요?

What is he? 생소하죠? 말 그대로 "저 사람 뭡니까?"
입니다. 영화에서는 "저 사람 도대체 무슨 소리를 떠들고
있는 거에요? 행동은 또 왜 저래요?" 등의 느낌을 담아서
던지는 말입니다.

Bruner   **No.**
　　　　아닙니다.
Charlie   **Is he retarded?**
　　　　정신지체에요?

retarded는 지능 발달이 늦어서 정신적으로 지체상태임
을 뜻하지요.

Bruner   **Not exactly.**
　　　　정확히 그렇진 않습니다.
Charlie   **Not crazy or retarded, but he's here.**

미친 것도 아니고 정신지체도 아닌데 이 곳에
있다고요.

Bruner He's an autistic savant.
자폐적 서번트 환자입니다.

Charlie I don't know what that means.
그게 뭐에요?

Bruner People like him used to be called 'idiot savants.'
They have certain deficiencies, certain
abilities.
저런 사람을 전에는 '특수 재능을 가진 학습
장애자'라고 불렀죠. 특정한 결함과 특별한
능력을 갖고 있는 사람을 말합니다.

People like him을 '사람들은 그를 좋아한다'로 오역하
면 안되지요. '그와 같은 사람들'을 뜻합니다. like가 전치
사로 쓰인 겁니다. 가끔 이게 혼동될 때가 있지요. used
to는 '과거에 늘 ~했었다'의 의미입니다. be called는 '~
라고 불리다'의 의미입니다. certain은 '어떤 특정한'의 느
낌이에요. deficiency는 '결함', '결점' 등을 뜻합니다.
　의사의 계속된 설명을 찰리는 도대체 무슨 소리인지 알
아듣지 못합니다. 그래서 이어지는 대화입니다.

54

You're talking over my head.

Raymond has a problem communicating and learning. He can't even express himself or probably even understand his own emotions in a traditional way.

찰리의 말에 정말 중요한 표현이 포함되어 있습니다. You're talking over my head.라고 했어요. talk over one's head는 직역하면 '머리를 넘어가는 말을 하다'에요. '머리로 이해할 수 없는 뭔가 이해하기 힘든 말을 하다'의 뜻이지요. 대단히 자주 활용되는 표현입니다. 정확한 해석은 "박사님 말씀을 도대체 이해할 수가 없네요."입니다.

Raymond has a problem 레이먼드에게 문제가 있어요. communicating and learning 소통하는 데, 그리고 학습하는 데 문제가 있습니다. He can't express himself 자기 자신의 생각을 표현할 수 있는 능력도 없어요. or probably even understand his own emotions 또는 아마도 자신의 감정을 이해할 수도 없을 겁니다. in a traditional way 일반적으로 누구나 자신의 감정을 이해하는 그런 방식대로 말이죠.

여기에서 우리가 활용할 수 있는 표현으로는 먼저 express oneself가 있습니다. 직역하면 '자기자신을 표현하다'가 되어서 '자신의 생각을 밖으로 표현하다' 정도로 이해합니다. understand one's emotions도 좋죠. '누군가의 감정을 이해하다'입니다. 이런 문장으로 기억하면 좋겠네요.

You need to understand other people's emotions. 당신은 다른 사람들의 감정을 반드시 이해할 필요가 있다는 의미입니다. need to는 '반드시 ~을 할 필요가 있다'로 해석합니다. 여기에서는 '반드시'가 중요합니다.

더스틴 호프만의 자폐증 연기는 정말 그 무엇과도 비견될 수 없을 정도로 압도적이었습니다. 같이 연기하는 톰 크루즈도 더스틴 호프만의 연기에 대단한 충격을 받았을 듯합니다.

Memo

오프라
윈프리

Oprah Winfrey

오프라 윈프리. 여성으로서 최고의 영향력을 갖고 있는 미국인이지요. 우리에게는 TV 토크쇼인 "오프라 윈프리 쇼(The Oprah Winfrey Show)"로 잘 알려져 있습니다. 모두들 잘 알고 계시지요.

1980년대 중반까지 미국 토크쇼 진행자는 100% 백인 남성들이었습니다. 그리고 1970년대와 80년대 초반까지 미국 낮시간대 토크쇼의 제왕은 바로 필 도나휴(Phil Donahue)였습니다. 기억나시나요? 저도 당시 한창 AFKN TV에서 방송되는 도나휴 쇼를 보면서 영어공부했던 기억이 납니다.

그 필 도나휴에게 도전장을 낸 게 바로 오프라 윈프리였습니다. 흑인 여성이 자신의 이름을 건 토크쇼로, 그것도 당대 최고의 토크쇼인 도나휴 쇼를 상대로 전국단위 방송에서 한 판 붙어보자는 것이었어요.

아무도 그녀의 성공을 확신하지 못했습니다. 1986년이 일이었습니다. 그리고 그녀는 시청자 수에서 도나휴 쇼를 두 배로 압도하며 대성공을 거둡니다.

당시 시사 주간지 **TIME**에 이런 기사가 났어요. 내용이 조금 어렵긴 하지만 뇌단련의 차원에서 한번 해석해보지요. 단어의 뜻만 정확히 짚어 나가면 그게 **TIME**지라도 얼마든지 해석 가능합니다.

Few people would have bet
on Oprah Winfrey's swift
rise to host of the most
popular talk show on TV.
In a field dominated by white
 males, she is a black female
of ample bulk.
What she lacks in journalistic
 toughness, she makes up for in
plainspoken curiosity,
robust humor and, above all
empathy.

자, 부담 갖지 말고 차근차근 해석해볼까요?

Few people would have bet on Oprah Winfrey's swift rise to host of the most popular talk show on TV.

기억 나시죠? few는 셀 수 있는 명사의 수가 거의 없을 때 사용한다는 거 말이죠. 셀 수 없는 명사의 경우에는 little을 쓰고요. 그렇다면 few people은 '그런 사람이 거의 없다'는 의미가 됩니다. 맞지요?

다음에 나오는 would have bet가 많이 혼란스러워요. 현재완료가 뭐지요? 이거 먼저 해석해볼까요? I have bet on Oprah Winfrey's swift rise. swift는 '일의 진행이 매우 빠르고 신속한'의 뜻입니다. rise는 잘 아시다시피 '상승'을 뜻하지요. 그러다 보니 '성공'의 의미로 이해할 때가 있습니다. 그렇다면 일단 swift rise는 '빠른 상승', '빠른 성공', 또는 '신속하게 올라섬'으로 이해할 수 있지요. 현재완료인 have bet는 어떻게 해석할까요? bet는 '베팅하다' 즉, '확신하다'의 뜻이지요. 돈을 걸려면 확신하셔야 되는 거니까요. 그래서 have bet는 '이미 확신한 상태이다'로 해석합니다. 현재완료의 속뜻은 '이미 과거에 이루어진 일을 지금도 유효하게 가지고 있다'입니다. 맞아요, have는 우리가 알고 있는 그 '~을 가지고 있다'의 의미를 여전히 포함하고 있습니다. 지금 뭔가를 가지고 있다는 것은 '이미 과거에 획득한 것을 지금까지 가지고 있다'는 뜻이잖아요. 그렇죠. 우리가 잘 알고 있듯이 그래서 현재완료는 '과거부터 현재까지 계속'이라는 의미를 포함하고 있는 겁니다. 그 뜻의 주범은 바로 have라는 겁니다. 따라서 현재완료를 해석할 때는 '이미 ~했다'로 이해하면 아주 좋습니다. have bet의 의미 정확히 아시겠지요?

I have bet on Oprah Winfrey's swift rise.

직역하면 "나는 이미 오프라 윈프리의 신속한 상승을 확신하고 있었다."가 되고 살짝 의역하면 "나는 오프라 윈프리가 신속하게 올라설 것이라고 확신하고 있었다."가 됩니다. 이 문장에 한해서는 직역과 의역의 차이가 거의 없습니다.

이런 현재완료 문장이 있어요. I have graduated. "나는 이미 대학 졸업했어."가 되지요. graduate만 써도 '대학을 졸업하다'의 의미가 됩니다. 이건 영어로 무어라 할까요? "그때쯤이면 난 이미 졸업했을 거야." 잘 생각해 보자고요. '이미 졸업했다'가 have graduated라면 '이미 졸업했을 거야'는 '미래'의 의미가 추가 된 거잖아요. 그래서 I will have graduated가 되고 여기에 '그때쯤'에 해당되는 by then이 붙어서 I will have graduated by then.이라는 문장이 탄생하게 됩니다.

Few people will have bet. 해석 가능하지요?

"그 누구도 이미 확신한 상태가 아닐 겁니다." will의 시제를 과거로 바꿔 볼까요? Few people would have bet. "아무도 이미 확신한 상태가 아니었을 겁니다." 다시 말하면 "그럴 거라고 이미 확신했던 사람은 아무도 없었을 겁니다."로 의역합니다.

결국,

Few people would have bet on Oprah Winfrey's swift rise to host of the most popular talk show on TV.

이 문장의 해석은 이렇습니다.

"오프라 윈프리가 TV에서 가장 인기있는 토크쇼 진행

자(host)의 자리에 신속하게 올라설 것이라고 앞서 확신했던 사람은 아무도 없었을 겁니다."

한 번의 문장 설명으로 모든 게 이해될 수는 없습니다. 이렇게 미래완료를 설명 드려도 단박에 이해될 수는 없다는 것이지요. 많은 미래완료 문장들을 경험하시면서 그 이해가 완성되는 겁니다. 이어서 해석해볼까요?

In a field dominated by white males, she is a black female of ample bulk.

조금 수월하지요?

동사 dominate는 목적어를 필요로 하는 타동사예요. '~을 지배하다'의 뜻이지요. be dominated가 되면 즉, 수동태가 되면 '지배되다'로 이해합니다. be dominated by white males는 '백인 남성들에 의해서 지배되다'의 뜻이지요. In a field dominated by white males 해석되지요? "백인 남성들에 의해서 지배되는 분야(field)에서"입니다. she is a black female 그녀는 흑인 여성이고 of ample bulk 그것도 육중한 몸매를 가진 여성입니다. 전치사 of는 단순히 '~의'로만 이해하지 마세요. '소속'의 개념이 있습니다. '~에 포함된'의 뜻이지요. 이 문장에서는 a black female이 ample bulk의 상태에 속해 있다는 겁니다. 그래서 ample bulk한 black female로 해석되는 것이지요.

What she lacks in journalistic toughness, she makes up for in plainspoken curiosity, robust humor and, above all empathy.

하나의 문장이지만 시각적으로는 매우 어렵게 느껴집니다.

What she lacks in journalistic toughness,에서 lack는 타동사로서 '~이 부족하다'의 의미이지요. 반드시 목적어가 필요합니다. 이 문장에서 lack의 목적어는 what 이지요. 의문사라서 문장 앞으로 나간 겁니다. 따라서 what she lacks는 '그녀가 부족한 것'이지요. journalistic toughness는 '저널리스트적인 탄탄함'입니다. 토크쇼를 진행하려면 시사적인 내용을 많이 다루게 되므로 기자가 가지고 있는 풍부한 시사적 지식과 촌철살인의 화법, 저돌적인 토크진행 등을 뜻합니다. what she lacks in journalistic toughness '저널리스트적인 탄탄함에 있어서 그녀가 부족한 것을'로 해석합니다.

she makes up for, 그녀는 만회합니다. make up for ~ 는 '뭔가 부족하거나 실수했던 일을 만회하거나 대신하다' 의 의미입니다. "늦어서 미안해. 내가 대신 저녁 살게."를 Sorry I'm late. I'll make up for it by buying you dinner. 라 고 하지요. 이 문장에서 목적어인 it의 역할을 본문에서는 what she lacks in journalistic toughness 가 하고 있는 겁니 다. 오프라의 단점을 대신하는 장점을 본문에서는 이렇게 말하는 거에요.

in plainspoken curiosity, robust humor and, above all empathy.

꾸밈없이 말로 던지는 (plainspoken) 호기심(curiosity), 탄탄한(robust) 유머, 그리고, 무엇보다도(above all) 감정 이입(empathy)안에서 그 부족함을 대신한다는 겁니다.

초대된 손님들과 대화하면서 그들을 향한 호기심을 솔직 담백한 질문들로 답을 이끌어내고 순간순간 어색하지 않은 찰진 유머로 청중의 분위기를 끌어 올리며 무엇보다도 초 대된 손님들의 이야기에 공감하고 감정이입 하는 능력이 오프라에게 부족한 저널리스트적인 감각을 벌충하고도 남는다는 겁니다.

이해가 충분히 되셨나요? 단어들의 정확한 의미를 알고 문법의 형식은 물론 문법이 주는 의미를 정확히 이해하고 있으면 어떤 문장이든 해석하는 데 어려움이 없습니다.

토크쇼의 성공으로 오프라는 돈방석에 앉게 됩니다. 그리고 그녀는 자기를 위해 도움을 주는 많은 사람들에게 통 큰 선물을 합니다.

키티 켈리(Kitty Kelly)가 오프라의 전기인 〈Oprah〉에 이런 내용이 나와요. 확인해 보시지요.

She began by buying herself a Mercedes and a Jaguar, and then she lavished mink coats on everyone—her mentor Maya Angelou; her cousins Jo Baldwin and Alice Cooper; and her female staff, who were accustomed to her extravagance. The year they had been denied Christmas bonuses by WLS station bosses, she had stepped in, giving each $10,000 in cash stuffed inside rolls of toilet paper.

정말 대단한 오프라입니다.

She began by buying herself a Mercedes and a Jaguar, and then she lavished mink coats on everyone— her mentor Maya Angelou; her cousins Jo Baldwin and Alice Cooper; and her female staff, who were accustomed to her extravagance.

역시 한 문장입니다. 해석 먼저 합니다.

She began by buying herself a Mercedes and a Jaguar,
그녀는 먼저 자기가 탈 벤트 한 대와 재규어 한 대를 샀다,

and then she lavished mink coats on everyone
그리고나서 비싼 밍크 코트를 모든 사람에게 선물했다—

her mentor Maya Angelou
멘토인 마야 안젤로에게;

her cousins Jo Baldwin and Alice Cooper
사촌인 조 볼드윈과 앨리스 쿠퍼에게;

and her female staff

그리고 그녀의 여성 스태프들에게,

who were accustomed to her extravagance

그들은 그녀의 낭비벽에 이미 익숙한 사람들이었다.

정말 필요한 표현이에요. '내가 타려고 차 한 대 사다'를 buy myself a car라고 표현합니다. 정말 간단하지요? 그런데 우린 이런 문장을 정확히 배우기가 힘들어요. 동사 lavish는 '누군가에게 엄청 많은 돈을 쓰다'의 의미입니다. 그래서 lavish something on somebody 형태가 되면 '매우 비싼 뭔가를 누구에게 선물로 주다'의 의미를 전하게 되는 겁니다. be accustomed to ~는 '~에 익숙하다'로 해석하고 extravagance는 '낭비', '사치', 또는 '낭비벽'을 의미합니다.

여성 스태프들이 오프라의 낭비벽에 익숙한 상태였다고 했지요? 그 낭비벽의 경험이 바로 다음 문장에 나옵니다. 그 경험이었음을 알 수 있는 건 시제가 과거완료로 바뀌었기 때문입니다.

The year they had been denied Christmas bonuses by WLS station bosses

방송국 사장단에서 여성 스태프들에게 크리스마스 보너
스를 주지 않겠다던 해가 있었다,

she had stepped in

그때 오프라가 개입했다,

giving each $10,000 in cash

스태프 한 사람 한 사람에게 현금으로 10,000 달러씩
준 것이었다

stuffed inside rolls of toilet paper

화장지 롤 안에 채워서.

스태프들의 놀람과 환호성이 들리는 듯하지요? 이 정도
면 낭비벽이 아니라…하여간 뭐.

deny는 '남이 원하는 것을 인정하지 않고 거부하다'의
의미입니다. 본문에서는 스태프 중심으로 말하다 보니 수
동태 문장이 된 겁니다. 글의 흐름에 맞게 수동태와 능동
태는 잘 선택해서 써야 합니다. step in은 말 그대로 '안으
로 걸어 들어가다'가 되어서 '문제해결을 위해서 개입하
다'의 의미가 됩니다. 동사 stuff는 '~을 채워 넣다'의 의
미입니다. 본문은 이렇게 됩니다.

She stuffed $10,000 in cash inside rolls of toilet paper. 그녀는 현금으로 10,000달러를 화장지 롤 안에 빽빽히 채웠다는 말을 $10,000 in cash의 입장으로 설명한 겁니다. $10,000 in cash was stuffed inside rolls of toilet paper.로 수동태 문장이 된 것이지요. 그래서 본문에서는 stuffed inside rolls of toilet paper가 $10,000 in cash를 수식하는 형태가 되어서 바로 뒤에 붙은 겁니다.

사실 그녀의 전기 속에는 이 외에도 정말 엄청난 선물들을 지인들에게 쏟아 붓는 이야기가 나오지만 우리는 이 정도로만 정리하지요.

오프라는 또 수많은 명언을 남긴 인물로도 유명합니다. 그 명언들을 통해서 영어를 익히는 것도 상당히 좋은 방법이지요.

The greatest discovery of all time is that a person can change his future by merely changing his attitude.

참 힘든 말입니다. 자신의 attitude를 바꾼다는 말 말이죠. attitude는 '사고방식', '정신적인 자세'를 의미합니다. 사실 이렇게만 말하면 attitude의 정확한 의미가 와 닿지 않지요.

우리는 누구나 어떤 사람에 대해서, 어떤 시대현상에 대해서, 어떤 사건에 대해서 자기가 갖는 의견과 생각, 그리고 느낌이라는 게 있습니다.

대개는 그것에 기반을 두고 어떤 말이나 행동을 하게 되지요. 그게 바로 attitude입니다.

정치에 대한 부정적인 생각. 그래서 나오는 행동과 말. 종교에 대한 고지식한 생각. 그래서 나오는 행동과 말. 교육에 대한 독특한 사고. 그래서 나오는 행동과 말. 어른에 대한 한정된 생각. 그래서 나오는 행동과 말. 이런 다양한 '생각'들이 모두 attitude입니다. 따라서 자신의 가치를 부여하는 '가치관'과 밀접한 관계가 있는 단어가 attitude입니다.

우리가 가장 부담스러워 하는 말이 있습니다. "너는 안돼." 이 말이죠. "나는 안돼."도 마찬가지입니다. "내가 저걸 어떻게 해. 말도 안돼." 상대를 향한 이런 부정적인 생각. 나 자신을 향한 철저한 부정적인 생각. 이런 attitude 를 바꾼다는 건 참 힘듭니다.

그런 사람들 있지 않습니까? 늘 과거에 얽매어 있는 사람 말이죠. "내가 왕년에는 잘 나갔었는데.", "내가 왜 이렇게 됐을까." 술만 마시면 '왕년에' 타령하는 사람들. 평소에도 툭하면 '옛날 일'에 얽매어 사는 사람들. 그건 정말 피곤하고 몹시 부정적인 attitude입니다.

혹시 여러분이 그런 부류에 속한다면 진지하게 생각해 보시지요. 그런 attitude는 반드시 바꿔야 되지 않을까요?

물론 뭔가를 바꾼다는 건 정말 어렵습니다. 특히 attitude 를 바꾼다는 건 '내 생각의 변화', 나아가서는 결국 '나 자신의 변화'를 의미하는 것이기 때문에 그 어떤 변화보다도 철저하게 어렵고 힘든 일입니다.

오프라는 말합니다. by merely changing his attitude 단지 자신의 attitude를 바꿈으로써 a person can change his future 우리는 자신의 미래를 바꿀 수 있다고 말이지요.

내 미래를 내 힘으로 바꾸는 건 정말 불가능에 가깝습니다. 내 미래를 바꾼다는 건 태어나서 지금 이 순간까지 내가 살아온 삶의 형태를 완전히 바꾼다는 것을 의미하잖아요. 그러지 않으면 미래가 바뀌지 않는 거죠. 그런데 그 미래의 변화를 attitude의 변화만으로, 사고방식의 전환만으로 이룰 수 있다는 겁니다.

사실 이 문장에서는 merely, 즉 '단지'라는 어휘를 사용했지만 attitude의 전환이 '단지'라는 말로 표현하기에는 앞서 말씀드렸듯이 너무도 엄청난 일이지요.

하지만 오프라는 충분히 그렇게 할 수 있다는 '자신감'을, '가능성'을 세상사람들에게 던져주고 있는 겁니다. 오프라는 자신이 바로 그런 attitude의 변화로 성공을 경험했고 지금도 그 성공을 다양한 방법으로 유지하면서 살아가고 있기 때문에 모든 사람들에게 attitude의 변화를 강추하고 있는 것이지요.

이렇게 attitude의 변화로 자신의 미래를 바꾸는 일이 the greatest discovery of all time이라고 말합니다. "우리 인생을 통틀어 가장 위대한 발견"이라는 겁니다.

**The greatest discovery of all time is that
a person can change his future by merely
changing his attitude.**

인생을 통틀어 가장 위대한 발견은
우리는 단지 사고방식의 변화만으로
우리의 미래를 바꿀 수 있다는 겁니다.

이 문장을 기억해 두면 대화할 때나 글을 쓸 때 아주 적
절하게 활용할 수 있겠습니다.

Be thankful for what you have—you'll end up having more. If you concentrate on what you don't have, you will never, ever have enough.

여러분들은 SNS를 하지 않으시나요? 우리가 시니어라 해서 그런 걸 전혀 알 필요 없다고 생각한다면 그건 참 안타깝기 짝이 없는 attitude입니다.

세상이 변하는데, 소통의 방법이 변하는데 나는 그런 거 필요 없다는 생각의 지배 속에 살아간다면 그처럼 안타까운 일이 어디 있겠습니까?

SNS는 Social Networking Service에요. social은 '여러 사람들과 사귀거나 어울린다'는 의미의 형용사이지요. 따라서 SNS는 인터넷 상에서 공동의 관심사나 배경을 갖고 있는, 또는 실제로 친분이 있는 사람들과 소통하는 서비스를 의미합니다. 대표적으로 Facebook, Instagram, 그리고 Twitter 등이 있습니다.

물론 SNS의 부작용들이 말로 다할 수 없을 정도로 많지요. 하지만 그건 단순한 부작용일 뿐, 그게 모든 것은 아닙니다.

사실, 가장 큰 부작용으로 작용하는 건 여러가지 형태의 '상실감'입니다.

SNS 상에서는 세상 속 다양한 사건들의 공유를 통해서 서로 의견을 주고받는 것은 물론 개개인의 일상이나 소소

한 소식들을 전하게 되지요. 그러면서 자연스럽게 자신과 관계된 일들을 자랑하는 경우가 생깁니다. 그런데 그 자랑이 평범하지 않은 소재일 때 부작용이 생길 수 있지요. 자랑거리를 올리는 사람은 아무 상관없습니다. 그냥 자랑할 뿐입니다. 문제는 그 자랑을 읽으면서 생기는 다양한 종류의 상실감입니다.

아들이 이번에 미국 일류대학에 입학했습니다.
딸이 이번에 훌륭한 성적으로 졸업하게 되었습니다.
이번에 새로운 집으로 이사하게 되어서 이렇게 인테리어 하고 있습니다.
이번에 저희 회사에서 외국기업과 이런 계약을 하게 되었습니다.

이런 글을 올리는 친구들은 자랑하려고 올리는 글이 아니라 자신의 기쁨을 누군가와 그저 공유하고 싶은 겁니다. 그런데 읽는 입장에서는 자신의 입장과 비교해보면서 슬프기도, 허무하기도, 때로는 울화가 치밀어 오르기도 하지요. 남이 잘되는 꼴이 싫은 겁니다. 남이 가진 것에 대한 시기와 질투입니다. 그리고 내 환경은 그렇지 못함에 대한 좌절과 절망입니다. 그래서 SNS를 단절시키는 분들도 상당히 많습니다. 그런데 왜 굳이 SNS를 추천하냐고요?

attitude의 변화를 경험해 보시라고요. 시기와 질투를 자극과 각성의 소재로 삼으시라고요. 남은 움직이는데 나는 정체되어 있지는 않은 지 생각해 보시라고요. 그리고 남의 잘됨에 박수를 치고 기쁨을 공유하는 너그러움을 가져보자고요. 그리고 남이 갖고 있지 못한 뭔가를 나도 가지고 있다는 자부심의 발견을 이루어 보자고요.

오프라는 말합니다.

Be thankful for what you have
여러분이 현재 가진 것에 감사하세요―
you'll end up having more
결국은 더 많은 것을 갖게 될 겁니다.

맞잖아요. 늘 들어왔던 말이지요. 내가 가진 것에 감사하라는. 그런데 그게 참 어울리지 않는 말이지요? 내가 가진 게 없는데 뭘 감사하라는 건지요.

약간 옆길로 새 볼까요?
이솝우화 이야기입니다.

The Hares and the Frogs

The Hares were so persecuted by the other beasts, they did not know where to go. As soon as they saw a single animal approach them, off they used to run. One day they saw a troop of wild Horses stampeding about, and in quite a panic all the Hares scuttled off to a lake hard by, determined to drown themselves rather than live in such a continual state of fear. But just as they got near the bank of the lake, a troop of Frogs, frightened in their turn by the approach of the Hares scuttled off, and jumped into the water. 'Truly,' said one of the Hares, 'things are not so bad as they seem: 'There is always someone worse off than yourself.'

토끼와 개구리

토끼는 다른 덩치 크고 사나운 야수들에게 시달림을 당하고 있었습니다. 그래서 어디로 가야할 지를 몰랐죠. 그들은 동물 한 마리가 접근하는 모습을 가만히 지켜보다가 순간 부리나케 달아나는 게 일이었습니다. 어느 날 토끼들은 야생 말 무리가 우르르 몰려오는 것을 보자 기겁을 하고 황급히 가까운 곳에 있는 호수로 도망치면서 결심했습니다. 이렇게 짜증날 정도로 계속되는 공포 속에서 사느니 차라리 물에 빠져 죽는 게 낫겠다고 말이죠. 그러나 토끼들이 호수 제방 가까이 다가갔을 바로 그 때 이번에는 개구리 떼가 토끼들의 접근에 겁을 먹고 호수로 뛰어들었습니다.

'정말이지,' 토끼 중 한 마리가 말했습니다, '우리가 처한 상황이라는 게 생각만큼 나쁜 게 아니네:

'항상 당신 자신보다 더 상황이 나쁜 누군가는 있기 마련입니다.'

공감가지 않습니까?

내가 가진 게 왜 없겠어요. 남은 남이고 나는 나잖아요.
남이 잘되는 이면에 어떤 아픔이 있었는지 우린 모르잖아
요. 무작정 그들의 기쁨을 우리 자신의 비하로 연결시킬
이유가 전혀 없잖아요. 나도 당연히 잘난 면이 있습니다.
그리고 지금 나보다 더 힘들어 하는 사람들이 분명히 있
습니다. 그러니 현재 내 모습에 너무 자책하지 말고 힘내
자고요.

hare와 rabbit의 차이 아세요? 우리가 흔히 말하는 토끼
는 rabbit입니다. 집에서도 기를 수 있는 귀여운 토끼죠.
반면에 hare는 야생입니다. hare와 rabbit은 종(species)
자체가 다릅니다. 외모(physical appearance)와 행동
(behavior), 그리고 생활방식(lifestyles)에서도 차이를 보
이지요.

hare와 rabbit은 태어날 때부터 외모가 다릅니다. 어
린 rabbit은 kitten, 또는 bunny라고 불립니다. kitten 하
면 '새끼 고양이'만 생각나시죠? '새끼 토끼'도 kitten입
니다. 반면에 어린 hare는 leveret입니다. 발음은 [레버

릿]이에요. 사실은 [트] 발음으로 살짝 마무리 해야지요. bunny는 태어날 때 털이 없고(hairless) 앞을 보지 못합니다(blind). 완벽하게 어미에게 의존하게 되지요. 하지만 leveret는 태어날 때부터 털(fur)이 있고 앞을 볼 수 있습니다. 그리고 태어난 지 한 시간 안에 스스로 움직일 수 있습니다. 어려서부터 bunny와 leveret사이에는 엄청난 차이를 보입니다.

외모를 보면 hare는 rabbit보다 커요. 뒷다리(hind legs)가 더 길고 귀가 더 길지요. 그리고 귀에는 까만 반점(black markings)이 있어요. rabbit의 털 색깔은 1년내내(year-round) 변함이 없습니다. 하지만 hare의 털은 여름에는 갈색이나 회색, 그리고 겨울에는 하얀색으로 변합니다.

hare와 rabbit은 먹는 것도 달라요. rabbit은 부드러운 풀과 당근 같은 채소를 선호하는 반면에 hare는 딱딱한 나무껍질(bark)이나 나무의 잔가지(twig)를 먹습니다.

rabbit은 땅속에 굴(burrow)을 파서 거기에 들어가 살지요. 하지만 hare는 땅 위에 둥지(nest)를 만들어 삽니다.

따라서 이 둘의 위험을 대처하는 방법도 다를 수밖에 없습니다. rabbit은 당연히 땅속으로 숨지요. 하지만 hare는 숨는 게 아니라 길고 튼튼한 뒷다리를 이용해서 도망칩니다. 지금 이솝우화에 나오는 바로 그 상황인 겁니다.

rabbit은 자기들끼리 잘 어울리는 사회성이 있습니다. 사회성 동물(social animal)이라고 하지요. 그룹을 지어 삽니다. 하지만 hare는 전혀 그렇지 않죠. 거의 대부분 따로따로 독립적으로 삽니다. 가끔 짝짓기(pairing up)를 할 때만 짝을 이루지요.

이렇게 hare와 rabbit의 차이를 확인해보니 이솝우화에 rabbit이 아닌 hare가 등장한 배경을 아시겠죠?

이솝우화에 나온 중요한 어휘와 표현, 그리고 문법을 한꺼번에 확인해봅니다.

1. persecute
'누군가를 괴롭히다'라는 의미입니다. '못살게 굴다'로도 해석하지요. be persecuted는 '괴롭힘을 당하다'의 '학대당

하다'가 되기도 합니다. 같은 의미의 동사로 harass가 즐겨 사용되지요.

2. saw a single animal approach them

approach는 정말 대중적인 어휘입니다. '~에 접근하다'의 의미로 쓰이고 있습니다. 그래서 approach them이라고 하면 '그들에게 접근하다'가 되지요. saw는 지각동사입니다.

기억나세요? see계열과 hear계열의 동사들이 지각동사에 해당되지요. 지각동사의 목적 보어로는 동사원형이나 현재분사가 옵니다. 현재분사가 목적 보어로 오면 '순간적인 동작'을 보거나 듣게 되는 것이고 동사원형이 목적 보어로 오면 '어떤 동작이나 소리를 처음부터 끝까지 계속 보거나 듣는 경우'에 해당됩니다.

본문을 확인해 보자고요. '그들이 동물 한 마리를 봤는데 그저 순간적으로 본 게 아니라 그 한 마리의 움직임을 계속 지켜보다가 결국 그것이 자기들에게 접근해오고 있음을 확인했다'의 느낌이 강한 문장입니다.

3. off they used to run

부사 off는 '현재 위치에서의 이탈'을 의미합니다. '떨어져 나감'의 느낌이지요. 그래서 run off는 '이탈하다', '자리를 뜨다', '도망가다' 등으로 이해합니다.

부사를 문장의 앞에 사용함으로써 '이탈'의 의미를 강조하고 있습니다. '서두른 이탈'의 느낌이랄까. used to는 '과거에 늘 그랬다'는 의미이므로 '그들은 항상 서둘러 도망갔다'가 좋은 이해입니다.

4. saw a troop of wild Horses stampeding about

이번에는 saw의 목적 보어로 현재분사가 나왔습니다. '야생 말 무리가 우르르 몰려오는 모습을 봤다'는 겁니다. 처음부터 지켜본 것이 아니라 어디서 무슨 소리가 나서 고개를 돌려보니 말 무리가 몰려오고 있더라는 것이죠. stampede about는 '우르르 몰려오다'로 이해합니다.

5. in quite a panic

'엄청난 공포속에서'의 뜻입니다. panic은 '극한 공포'에 해당되지요. in a panic은 '극심한 공포속에서', 그리고 이것을 훨씬 강조한 in quite a panic이 되면 '엄청난 공포감 속에서' 정도의 의미를 전하게 됩니다.

6. scuttle off to

in quite a panic과 대단히 어울리는 동사가 바로 scuttle 입니다. '허둥지둥 가다'의 뜻이지요. 부사 off는 '이탈', 전치사 to는 '~로', '~을 행해서' 등의 의미이므로 scuttle off to라고 하면 '허둥지둥 자리를 떠서 ~을 향해 움직여가다'가 됩니다.

7. hard by

'아주 가까이에'의 의미를 갖는 부사구입니다. 우리에게는 아주 생소한 표현이지만 옛날 소설을 접하다 보면 종종 등장하게 됩니다.

8. determine

'~을 하기로 단단히 결심하다', 또는 '~을 결정하다'의 의미입니다. 앞으로 할 일에 대한 결심과 결정을 뜻하므로 to 부정사가 목적어로 오게 되어 있어요. to 부정사는 '미래'의 의미를 전하기 때문입니다. 무작정 to 부정사가 목적어로 온다가 아니라 왜 오는 지를 정확히 이해하고 활용해야 합니다.

9. drown oneself

동사 drown은 '~을 익사 시키다'의 의미를 포함합니다. 그런데 목적어로 oneself, '자기 자신'이 왔잖아요. 그러므로 '물에 빠져 자살하다'가 됩니다.

10. a continual state of fear

형용사 continual은 '반복되는'입니다. 하지만 단순 반복이 아니라 '사람을 짜증나게 하는 반복'을 말합니다. state of fear는 '공포상태'이지요. 그렇다면 본문은 '짜증날 정도로 반복되는 공포상태'를 뜻합니다.

11. frightened in their turn

과거분사 frightened는 '이미 겁먹은 상태인'의 뜻입니다. 과거분사는 형용사이지만 과거시제를 포함하기 때문에 '이미'의 느낌을 살리는 게 옳습니다.

in one's turn은 '이번에는 그들 차례인' 정도로 이해하지요. 명사 turn이 '차례', '순번' 등의 의미로 쓰이고 있습니다. 따라서 '이번에는 그들이 겁먹은 상태에서'가 되지요.

12. by the approach of

이번에는 approach가 동사가 아닌 명사로 쓰였습니다. '접근'의 의미이지요. 그리고 '수단'이나 '방법', 그리고 '원인'을 유도하는 전치사 by가 쓰였어요. 따라서 본문은 '~의 접근에 의해서', 또는 '~의 접근 때문에'로 해석하게 됩니다.

13. worse off than

good의 비교급은 better, bad의 비교급은 worse이지요. worse off는 '상태가 더 나쁜', '더욱 더 궁색한' 등의 의미를 갖지요. 비교대상 앞에는 항상 than이 쓰입니다. 결국 worse off than은 '~보다 궁색한', '~보다 상태가 더 좋지 않은' 등의 의미로 해석하게 됩니다.

　문장을 구성하는 어휘와 문법의 의미를 차근차근 확인하고 이해해 가는 것이 무엇보다 중요합니다. 그 과정 속에서 여러분이 영어에 있어서 아쉬워했던 부분들이 채워지고 점점 만족스러운 결과들을 경험하시게 될 겁니다.

　다시 오프라 볼까요?

Be thankful for what you have.
"지금 가진 것에 감사하라."

　be thankful for는 정확히 기억해 두셔야 할 표현입니다. '~에 감사하다'의 의미에요. 그리고 end up having more는 결국은 더 많은 것을 갖게 된다는 뜻입니다. end up ~ing 형태가 '결국 ~의 상태가 될 것이다'의 의미를 전합니다.

If you concentrate on what you don't have

만일 여러분이 지금 갖고 있지 않은 것에 집중한다면,

you will never, ever have enough

절대로, 절대로 충분히 갖지 못하게 될 겁니다.

이건 소유물 뿐 아니라 나의 능력에도 해당되지요. 지금껏 살아오면서 많은 경험을 통해서 너무도 잘 아시잖아요. 내 능력치 밖의 것을 부러워하고 질투해봐야 내게 전혀 득 될 것 없고 나와는 무관한 일에 나도 한번 뛰어들어보겠다고 호기를 부리며 섣부른 시도를 했다가 얻는 건 별로 없고 시간과 돈만 낭비하게 된다는 사실을 말입니다. 현재 내가 갖고 있는 것에, 현재 나의 능력에 보다 큰 값어치를 두고 그걸 더욱 키우기 위해 노력한다면 당연히 남이 부러워할 만한 결과물을 낳게 될 겁니다.

**Be thankful for what you have—
you'll end up having more.
If you concentrate on what you
don't have, you will never, ever
have enough.**

현재 소유하고 있는 것에 감사하세요—
그러면 결국 더 많은 것을 갖게 될 것입니다.
만일 현재 갖고 있지 않은 것에 집중한다면 당신은
절대, 결코 충분히 갖지 못하게 될 것입니다.

오프라 윈프리의 수많은 명언들 중 딱 두 개의 명언을 통해서 그녀의 성공의 비결, 그리고 울림이 있는 메시지를 확인해봤습니다.

Memo

영어 발음

영어발음은 영어학습에서 가장 중요합니다.

요즘 학생들은 영어발음에는 전혀 신경 쓰지 않지요. 그건 입시에 발음 문제가 나오지 않기 때문입니다. 참 한심하고 답답하지요? 외국어를 배우는데 발음을 무시하다니요. 우리 땐 그랬잖아요. 선생님 발음이 좋든 나쁘든 상관없이 학생들을 일으켜 세워서 교과서를 큰소리내어 읽어보라고 말이죠. 그 자체도 참 중요한 학습인데 그거 사라진 지 참 오래되었습니다. 학원이요? 중고등학생 학원은 언제부턴가 온통 내신학원으로 바뀌었기 때문에 당연히 발음과는 무관한 수업만 진행되지요.

사실 발음을 정확히 하지 못하면 회화를 할 수가 없습니다. 당연하잖아요. 내 발음을 외국인이 알아듣지 못하면 어떻게 대화가 되냐고요. 그게 끝이 아니라 내 발음이 정확하지 못하면 나와 대화하는외국인의 정확한 발음을 나는 전혀 알아들을 수가 없는 겁니다. 따라서 발음으로 인해서 대화 자체가 단절된다는 것이지요. 아무리 좋은 표현을 배워도 발음이 받쳐주지 않으면 써먹지도 못하고 끝나는 겁니다.

발음이 정확하면 제대로 된 회화공부가 시작됩니다. 제대로 된 회화공부란 문장을 구성하는 어휘와 문법의 의미를 정확히 배우기 시작함을 뜻하지요. 다들 그러지요. 우리가 문법만 중요하다고 배워서 영어를 못한다고요. 그건 다 문법이 뭔지 모르는 사람들이 떠드는 말입니다.

언어를 구성하는 요소는 딱 두 가지 뿐입니다. 어휘와 문법입니다. 그런데 문법을 배우면 안 된다고요? 그게 아니라 문법을 제대로 배워야 하는 겁니다. 우리는 늘 문법에는 형식만 존재하는 듯이 문법을 접합니다. 아니지요. 문법에는 형식과 의미가 있습니다. 정확한 형식을 이해해야 함은 물론이죠 그 문법이 주는 정확한 의미를 이해하고 있어야 영어를 올바로 받아들일 수 있습니다. 문법의 형식만 강조하게 되면 마치 우리가 영어문장을 만들기 위해서 영문법을 배우는 듯한 인상을 주게 됩니다. 아마 모두들 그렇게 생각하고 있을 겁니다. 그건 절대 오해입니다. 우리가 문법을 배우는 이유는 영어문장을 우리가 임의로 만들기 위해서가 아니라 원어민들이 사용하는 영어문장들을 제대로 정확히 이해하기 위해서 입니다. 영어문장을 우리는 만들 수 없습니다. 절대 만들려는 시도 자체를 해서는 안됩니다. 영어를 전혀 잘하지도 못하는 우리가 어떻게 영어문장을 우리 마음대로 만들 수가 있단 말입니까? 절대, 절대 있어서는 안됩니다.

언어를 구성하는 요소로 문법 말고 어휘를 말씀드렸습니다. 세상에 똑같은 의미를 갖는 어휘는 절대 없습니다. 어휘마다 각자의 감정과 색깔이 있습니다. 이 문장에서 이 어휘를 사용할 때는 딱 그 어휘에 맞는 감정을 전달하기 위해서 입니다. 절대 다른 어휘로 대체할 수 없습니다. 세상에 유의어는 있어도 동의어는 없다는 말과 같습니다. 이렇게 회화를 통해서 어휘와 문법이 갖는 각자의 감정과 내용, 그리고 형식을 정확히 배워야 그 다음 단계의 학습이 자연스레 이루어집니다.

회화 이후의 단계란 독해를 말합니다. 독해는 글을 읽어내려 가면서 글을 쓴 사람의 순간 감정과 그의 경험, 그리고 그의 지적 능력을 이해해 나가는 과정입니다. 회화에서 배운 문장 이해의 능력이 바탕으로 자리잡고 있지 않으면 절대 독해를 제대로 해나갈 수 없습니다. 대화를 통해서 나의 지적 능력과 경험, 감정을 전달할 수 있다면 글을 통해서도 당연히 그런 전달력이 필요한 것이지요. 우리는 또한 그런 저자들의 글을 고스란히 받아들일 수 있는 능력이 필요한 겁니다.

　많은 독해를 통해서 글을 이해하는 능력을 키우다 보면 자연스럽게 우리는 글을 쓸 수 있는 능력을 갖게 됩니다. 작문실력의 향상입니다. 물론 다독이 작문력의 향상을 무조건 보장하는 것은 아닙니다. 개인차가 매우 심하지요. 하지만 독해를 통해서 터득한 이해력이 작문력의 향상에 일조한다는 것에 부정적인 의견을 던질 사람은 아무도 없겠지요.
　작문은 정확한 문장의 형식과 문법 내용을 바탕으로 합니다. 그리고 문장마다의 정확한 어휘선택이 절대적이지요.

　이 모든 것들의 출발은 회화이며 회화의 출발은 바로 발음이라는 겁니다.
　그러면 지금부터 좋은 문장들을 예로 들면서 회화연습을 해볼까요? 다섯 개의 문장을 먼저 소개합니다.

1. Don't let him bother you.

2. Is it okay if you meet me after work?

3. You sound upset.

4. This is way too much.

5. I'm not surprised.

발음 한번 따라해보시겠어요? ———————

Don't let him bother you.

Is it okay if you meet me after work?

You sound upset.

This is way too much.

I'm not surprised.

발음에는 단어 각각의 발음과 연음, 그리고 문장 전체의 강약, 즉 억양이 포함됩니다.

문장 각각의 발음을 QR code를 정확히 확인하면서 다섯 번씩 다시 한번 읽어 보세요. 정말 큰 소리로 읽으셔야 합니다.

제대로 하셨나요? 발음이 제대로 나오지 않지요? 생각

보다 어렵지요? 이 다섯 개 문장의 발음이 입에 완전히 붙어 있어야 합니다. 이게 정확한 영어학습의 시작이에요. 여러분은 이미 많은, 그리고 깊이 있는 지적 능력을 갖고 계시기 때문에 이런 연습을 달갑지 않게 받아들일 수도 있습니다. 하지만 이게 시작이라는 사실 절대 잊지 마세요. 이 연습이 없으면 아무런 결과도 없습니다.

문장의 발음에는 이런 법칙들이 있어요.

1. 자음과 자음이 충돌하면 앞의 자음이 소리나지 않고 순간 덜커덕 멈추게 됩니다. Don't let는 [돈트 레트]가 아니라 [돈렛]이 되는 거에요. 그렇다고 그냥 [돈]이 아니라 [트] 발음이 갑자기 딱 끊어지면서 들리는 않는 상태로의 [돈]입니다. 한글 [돈]과는 완전히 다른 발음이라는 거에요. QR로 돌아가서 발음 다시 확인해 보셔요.

그렇지요? 차이가 분명하지요? meet me도 마찬가지입니다. [t]와 [m] 자음충돌이에요. 그래서 [밋미]가 됩니다. [민미]는 절대 아닙니다. 발음 확인하세요.

not surprised에서도 자음충돌이 일어납니다. [나트써브

라이즈(드)]가 아니라 [낫써프라이즈(드)]입니다. 발음 확인합니다.

2. [t]는 모음 사이에서 [r]로 소리납니다. 원어민들은 [r]이 아니라 [d]로 소리나는 것이라고 주장하지만 우리 귀에는 [r]로 들리는 게 맞습니다. let him은 [렛힘]이지요. 하지만 him에서 [h]는 흔히 생략됩니다. 그래서 결국 [t]는 두 개의 모음 [e]와 [i] 사이이에 놓이게 되지요. 따라서 [렛힘]이 아닌 [레림]으로 소리납니다. 발음 확인합니다.

Is it okay에서 [t]는 [i]와 [o] 두 개의 모음 사이에 위치합니다. 따라서 [이트오케이]가 아니라 [이로케이]로 소리납니다.

3. 자음과 모음이 이어지면 원래 약했던 자음 소리가 큰 소리로 바뀌면서 마치 한 단어인 것처럼 소리납니다. Is it okay에서 is it는 [이즈 이트]가 아니라 [이지트]가 됩니다. 결국 [이지로케이]라는 발음이 만들어지는 것입니다.

sound upset에서는 [d]가 [u]와 연음되면서 소리가 강하게 살아납니다. [싸운드 업셋]이 [싸운덥셋]이 되는 겁니다.

이번에는 문장의 억양입니다.

Don't let him bother you. 에서 문장의 의미를 주도하는 어휘들은 don't, let, bother 등 세 단어입니다. 여기에 강세가 있습니다.

세 번 따라하세요.

Is it okay if you meet me after work. 에서는 okay, meet, after, work 등이 문장의 의미를 이끕니다. 강세를 갖는 어휘들입니다. 발음 세 번 따라 하세요.

You sound upset. 에서는 sound와 upset이 중요한 어휘들입니다. 세 번 따라서 발음합니다.

This is way too much. 에서는 way, too, much 등에 강세가 있습니다. 강세 세 번 따라서 읽으세요.

I'm not surprised. 에서는 not과 surprised 두 단어가 중요하지요. 발음을 따라서 세 번 크고 정확하게 발음하세요.

발음이 정확히 되었으면 각 문장이 포함하는 문법의 의미를 익혀볼까요? 문법은 우리가 영어문장을 만들기 위해서가 아니라 이해하기 위해서 익히는 거라 이미 말씀드렸습니다.

Don't let him bother you.

이 문장은 크게 두 개의 문법 요소를 담고 있습니다. 사역동사 let와 타동사 bother입니다.

사역동사라는 말은 매우 부담스럽습니다. 뭔가를 억지로 시킨다는 느낌이 강하잖아요. 꼭 그렇지는 않습니다. let는 '허락'의 의미를 포함해요. 뭔가를 하도록 가만히 내버려 두거나 허락하는 겁니다. 그런데 문제는 사역동사의 목적 보어로 동사원형을 쓴다는 사실입니다. 그냥 그렇게 외우기만 하셨죠? 도대체 왜 동사원형을 쓰는 건지는 전혀 모르고 계셨지요? 당연하지요. 아무도 가르쳐 주지 않았으니까요. 또는 누군가 가르쳐주려 해도 배울 생각을 해본 적이 없었으니까 말이죠. 그런 거죠 뭐.

사역동사는 뭔가를 지금 당장 하라는 겁니다. 시간적인

여유를 갖고 나중에 하라는 게 아니라 지금 당장 하라는 거에요. 그렇다면 let는 지금 당장 하라고 허락하는 겁니다. 잠깐만요. 지금 당장하라는 것은 '명령'에 해당되네요. 나중에 뭔가를 하라고 명령하지는 않잖아요. 지금 당장 하는 게 명령이지요. 명령형은 동사원형을 쓰는 거 맞죠? 그렇습니다. 사역동사는 지금 당장 하라는 의미를 전하기 때문에 명령형의 형태인 동사원형을 쓰게 되는 겁니다.

bother는 타동사로 쓰이고 있습니다. '~을 귀찮게 하다', '~을 신경 쓰이게 하다', '~을 괴롭히다' 등의 의미를 갖네요. 타동사는 목적어를 받는 동사를 뜻하지요. 목적어로는 '명사', 그리고 '대명사'만 올 수 있습니다. bother you는 '너를 괴롭히다'가 되지요. It bothers me.는 무슨 뜻일까요."그게 나를 귀찮게 한다." 즉, "그거 정말 성가시네." 정도의 뜻이 됩니다.

자, 그러면 Don't let him bother you.의 정확한 해석은 어떻게 될까요?

직역하면 "그가 너를 괴롭히게 허락하지 말아라." 또는 "그가 너를 괴롭히게 가만히 놔두지 말아라."입니다. 이

것을 우리말 답게 의역하는 게 중요하지요. "걔 때문에 지금 괴로워하지 마." 이것이 가장 정확한 해석입니다.

이렇게 문장의 올바른 해석을 위해서는 문법과 어휘의 정확한 이해가 필요한 겁니다.

두 번째 문장을 볼까요?

Is it okay if you meet me after work?

이 문장에서도 두 개의 문법 요소를 이해해 보지요. 조건문과 전치사의 활용이에요.

조건문은 앞으로 일어날 가능성이 있는 일을 조건으로 내세우는 겁니다. 조건문과 흔히 비교되는 것은 가정법 문장입니다. 똑같이 if절을 이용하기 때문이지요. 가정문의 if절은 조건문의 if절과는 달리 앞으로 일어날 가능성이 없는 일을 가정합니다. 미래에 일어날 가능성이 절대 없는 일은 과거에 이미 끝난 일입니다. 그래서 가정법에서는 if절과 주절에 과거시제를 써서 절대 일어날 가능성이 없는 미래의 일을 말하게 됩니다. 이것을 문법용어로는 '가정법 과거'라고 합니다.

조건문인 if you meet me after work에서는 앞으로 일어날 일임을 기정사실화 하면서 현재시제를 쓰고 있습니다. 현재시제는 예외 없이 반드시 일어나는 일을 말합니다.

가정문에 과거시제를 쓰고 조건문에 현재시제를 사용하는 이유를 분명히 아시겠습니까?

전치사 after는 '~후에'의 의미입니다. 전치사의 목적어로는 명사나 대명사, 그리고 동명사가 옵니다. 그렇다면 after work에서 work는 무엇일까요? 동명사라면 after working이라고 했을 겁니다. 그렇지 않은 걸로 봐서는 동사가 아닌 명사임이 분명합니다. work가 명사로 쓰일 때는 '일', 또는 '회사'의 의미를 갖습니다. 결국 after work는 '일 끝나고', '회사 끝난 후에' 등의 의미가 되어 '퇴근 후에'로 흔히 해석하게 됩니다. after school은 '방과 후'입니다.

Is it okay은 무슨 뜻인가요? '그래도 괜찮을까'입니다. 따라서 Is it okay if ~는 '~라면 괜찮을까?'의 의미를 전하지요. 결국 Is it okay if you meet me after work?는 "퇴근 후에 나 만나도 괜찮을까?" 또는 "우리 퇴근 후에 만날까?"로 이해하게 됩니다.

세 번째 문장입니다.

You sound upset.

이 문장은 아주 중요한 문법요소 한 가지를 담고 있습니다. 불완전 자동사에요.

사실 이런 문법용어가 부담스럽긴 하지요. 그래도 어차피 우리는 학창시절에 수도 없이 들었던 용어이니까 일부러 피해갈 필요 없이 그 용어들의 정확한 의미를 이해하기만 하면 좋을 듯하네요.

자동사란 앞서 말씀드렸던 타동사와는 달리 목적어의 도움이 전혀 필요치 않은 동사입니다. 자율적으로 동사의 역할을 다한다는 것이죠. 이런 경우에요. "너 지금 내 말 듣고 있는 거야?"라고 말하고 싶을 때 있지요? 영어로 어떻게 표현할까요?

맞습니다. Are you listening?입니다. 이것을 Are you listening to me?라고도 하지요. 보셔요. listen은 뒤에 명사를 목적어로 받지 않잖아요. 그냥 Are you listening? 으로 끝납니다. to me는 전치사(to)와 대명사(me)의 조합이네요. 이것을 문법용어로는 전치사구라고 합니다. 전치사구는 동사, 또는 문장의 의미확장을 위해서 부수적으로 사용하는 것이기 때문에 냉정하게 생략해도 문장구성에는 전혀 지장을 초래하지 않습니다.

이렇게 listen처럼 혼자서 문장을 마무리하는 능력을 소지한 동사를 자동사라고 합니다. 때로는 '완전 자동사'라고도 말하지요. 그렇다면 '불완전 자동사'도 있다는 말이잖아요? 그렇습니다. 앞서 말씀 드린 sound가 바로 불완전 자동사에 속합니다. sound upset이라고 했습니다. sound 다음에 나온 upset은 분명히 명사는 아닙니다.

따라서 sound의 목적어가 아닌 거죠. upset은 '속상한'의 의미를 갖는 형용사입니다. 결국 동사 sound는 명사의 도움이 아닌 형용사의 도움을 받고 있는 셈이지요. 자동사이긴 자동사인데 형용사의 도움이 필요한 겁니다. 그래서 이런 동사를 완전치 않은 자동사 즉, '불완전 자동사'라고 칭하게 된 것입니다.

뭐, 완전 자동사니 불완전 자동사니 이런 용어는 전혀 중요하지 않습니다. 이렇게 설명하기 위해서 필요한 것이니까 일단 머리 속에서 지워도 전혀 상관없습니다.

sound의 의미가 중요하지요. 누가 말하는 소리, 또는 제안을 듣고 그 소리나 제안이 어떻게 들린다는 의미를 갖습니다. 따라서 sound upset은 '속이 상한 것처럼 들리다'가 되지요. 결국 You sound upset.은 "너 지금 속이 상한 것처럼 들리는데." "너 속상한 목소린데." "너 말투가 기분이 상한 것 같은데." 등으로 해석이 가능합니다.

네 번째 문장으로 넘어가볼까요?

This is way too much.

여기에서는 두 개의 부사의 의미에 초집중해야 합니다.

먼저 too 확인합니다. 우리말로는 '너무'에 해당되지요. 부사 맞습니다. 그리고 여기에는 부정적인 의미가 포함됩니다. 전혀 긍정적이지 않습니다. 따라서 too much는 '너무 많은', '너무 심한' 등으로 이해합니다. '너무 많아서 좋지 않다', '너무 심해서 곤란하다' 등의 느낌입니다. Thank you too much.라는 말은 존재하지 않습니다. "너무 고마워서 곤란하다."라는 말 자체가 없는 것처럼 말이지요. 잘 알고 계시듯이 우리말에서도 '너무'를 긍정적 내용의 문장에서 사용하는 것은 잘못된 거잖아요. 우리는 마구 남발

하지만 말이죠.

두 번째로 신경 써야할 부사는 way입니다. 우리는 그저 명사의 의미로만 알고 있는 어휘이지요. 하지만 '아주', '대단히' 등 부사의 의미를 갖고 있기도 합니다. 따라서 way too much는 '정말 심해도 너무 심한'으로 이해합니다. 그렇다면 This is way too much.의 정확한 의미는 뭘까요?

"이건 정말 너무 과한 거야." "이거 너무 심한 걸." "이건 아니지. 이건 너무 심해."

쉽고 단순하게 생각했던 문장이 어휘와 문법의 의미를 정확히 이해하고 나면 "아하!"라는 감탄사가 절로 나옵니다.

우리는 재미있다는 말을 하잖아요. 영어가 재미있다면 그게 무슨 말일까요? '지적인 깨달음'이 생겼다는 거지요. 내가 몰랐던 걸 알게 됨으로써 생기는 즐거움입니다. 지적충족이 이루어지면서 생기는 즐거움입니다. 영어를 통해서 많은 즐거움을 느끼시기를 바랍니다.

마지막 다섯 번째 문장입니다.

I'm not surprised.

이 문장에서도 하나의 문법요소를 익힐 수 있습니다. 과거분사입니다.

이거 예전에 많이 헷갈려 하셨었죠? surprise는 타동사에요. '누군가를 놀라게 하다'라는 의미이지요. 우리에게 정말 익숙한 3단변화 확인해볼까요?

예, surprise-surprised-surprised입니다. 규칙변화라고 하지요. 여기에서 마지막 surprised를 과거분사라고 합니다. 그런데 왜 꼭 과거분사의 형태를 외워야 했는지를 궁금해 해본 적 없으시죠? 그냥 무조건 외웠으니까 말입니다.

동사의 시제는 보시다시피 딱 두 개 밖에 없습니다. 현재와 과거죠. 동사의 미래형은 없어요. 과거분사요? 이건 동사가 아니라 형용사입니다. 동사의 특징을 담고 있는 형용사입니다. 동사의 특징을 담고 있다? 무슨 특징일까요? 모든 품사들 중에 시제를 담고 있는 품사는 딱 하나, 동사 뿐입니다. 형용사는 시제가 없어요. 그런데 과거분사는 형용사이면서 동사의 가장 커다란 특징인 시제를 담고 있다는 겁니다.

어떤 시제일까요? 그렇습니다. 과거시제를 포함합니다. 그래서 과거분사라고 부르는 겁니다. 형용사인데 동사의 특징을 갖고 있는 형용사…그래서 우리는 동사의 3단변화에 과거분사를 포함시켜서 기억했던 겁니다.

그렇다면 과거분사인 surprised의 정확한 의미는 무엇일까요? 단순히 '놀란'이 아니라 과거의 느낌을 살린 '이미 놀란 상태인'이 정확한 의미입니다. 따라서 I'm surprised. 라고 하면 "나의 현재상태는(I am) 이미 놀란 상태입니다(surprised)."가 직역이지요. 이것을 우린 흔히 아무 생각없이 "나 놀랐어."라고 해석합니다. 그러면 이런 의문을 갖잖아요. '놀랐어'는 과거 아니야? 그럼 I was surprised.라고 해야 되는 거 아니야? 아니요, I was surprised.의 정확한 의미는 이렇습니다. "내가 그때 어떤 상태였는가 하면(I was) 이미 놀란 상태였지(surprised)." 그래서 "나 그때 정말 놀랐어."가 정확한 의미입니다.

과거분사의 의미 이해하셨죠? 그렇다면 I'm not surprised.는 어떻게 해석하면 좋을까요? 직역하면 "나는 지금 이미 놀란 상태가 아니야."가 되지요. 의역이 가능하세요? "난 전혀 놀랍지 않아," "그게 뭐 놀랄 일인가?" 등으로 의역합니다.

그러고 보면 영어를 잘하기 위해서는 우리말도 잘해야 된다는 생각이 들지 않으세요? 영어를 우리말로 올바로 해석해내는 능력이 참 중요합니다. 그러려면 상상력이 바탕 되어야 하지요. 상상력이 바탕이 되려면 사실 많은 지식이 필요하니까 책도 참 많이 읽어야 됩니다. 책이 싫으면 인터넷 검색이라도 많이 하면 좋지요. 영어를 잘하기 위한 조건은 참 많습니다.

자, 이렇게 해서 다섯 개의 회화문장을 통하여 발음, 문법, 어휘, 그리고 해석해내는 방법까지 확인해봤습니다.

발음이 기본이라 했어요. 발음이 제대로 되지 않으면 문법, 어휘, 해석, 이런 건 아무런 의미 없다 했어요. 뭘 제대로 알아들어야 문법 얘기를 하고 어휘 얘기를 하며 해석을 하고 뭐 어쩌고 저쩌고를 하지요.

앞으로는 정말 영어발음에 절대 집중하시기 바랍니다.

Memo

원서 읽기

—

살면서 늘 드는 생각 중의 하나입니다.

영어로 글을 읽고 싶다…

글이라면 단연코 책이지요. 원서를 읽고 싶은 겁니다. 과거 언젠가 한 번쯤 원서를 손에 쥐고 폼 나게 걸어 본 적 있으시지요? 카페에 앉아서 원서를 펴고 사전을 옆에 두고 한 페이지를 읽어내려 가는데 뭔 소리인지 헷갈려서 슬그머니 원서를 덮었던 기억. 갑자기 밀려오는 졸음에 원서 위에 두 팔을 올리고 그대로 엎드려 살짝 잠을 청했던 기억.

원서 읽기는 생각처럼 참 어렵습니다.

예, 원서 읽기를 만만하게 생각하는 사람은 아무도 없습니다.

원서 읽기는 혼자 되지 않습니다. 어지간해서는 말이지요. 누군가의 도움을 받아야 합니다. 그것도 나보다 영어를 월등히 잘하는 누군가의 도움이 필요합니다. 고만고만한 사람들끼리 모여서 영어원서를 읽는다 합니다. 절대 지속될 수 없는 모임입니다. 절대 도움이 되지 않는 모임입니다. 아예 그런 시도 자체를 하지 않는 게 옳습니다.

톨스토이의 〈사람은 무엇으로 사는가〉라는 단편소설이 있습니다. 과거 언젠가 읽어본 기억 있으시지요? 필독서 중의 하나입니다. 단편이라서 읽기에 전혀 부담 없습니다. 역시 단편 중에 헤밍웨이의 〈노인과 바다〉가 있습니다. 〈사람은 무엇으로 사는가〉보다는 훨씬 긴 단편입니다. 헤밍웨이는 이 책으로 노벨상까지 받았습니다. 먼저 〈사람은 무엇으로 사는가〉를 읽고 난 후에 〈노인과 바다〉를 읽기 시도하는 것, 나쁘지 않습니다.

톨스토이 얘기를 잠깐 해볼까요?

러시아 작가입니다. 역사상 최고의 작가들 중 한 사람이지요. 노벨상 후보에 여러 번 올랐습니다. 1902년부터 1906년까지 5년 연속 노벨 문학상 후보에 올랐고 노벨 평화상 후보로는 1901년, 1902년, 그리고 1910년 세 차례 올랐습니다. 하지만 한 번도 수상한 적은 없습니다. 어떻게 그럴 수 있느냐고 말이 많았을 법하지요?

톨스토이를 대변하는 최고의 작품으로는 뭐가 생각나시나요? 그렇죠? War and Peace, 전쟁과 평화, 그리고 Anna Karenina, 안나 카레니나, 이 두 작품은 우리 가슴을 울렸던 명작 중의 명작입니다.

그냥 넘어가기는 좀 그렇고 톨스토이가 〈전쟁과 평화〉를 통해서 남긴 수많은 명언들 중에서 딱 두 개만 확인해 볼까요?

It is possible to love
someone dear to you
with human love, but an
enemy can only be loved
by divine love.

소설작품 속에서 이런 명언들을 남긴다는 것 자체가 참 대단하다 싶습니다.

해석해보죠.

It is possible
가능한 일입니다
to love someone dear to you with human love
당신에게 소중한 누군가를 인간적인 사랑으로 사랑하는 일은 말입니다,
but an enemy can only be loved
그러나 내게 소중한 사람이 아니라 나의 적이 사랑받을 수 있는 유일한 방법은 by divine love 바로 인간적인 사랑이 아닌 하나님의 사랑을 통해서 입니다.

톨스토이는 기독교의 영향을 깊이 받았습니다. 작가는 자신의 정신세계를 지배하는 종교나 철학을 자신의 작품 세계에 그대로 반영하지요. 톨스토이 작품 속에 등장하는 예수의 가르침은 〈마태복음〉에 나오는 산상수훈(the Sermon on the Mount)에 초점이 맞춰져 있습니다.

Man can be master of
nothing while he fears
death, but he who does not
fear it possesses all.
If there were no suffering,
man would not know his
 limitations, would not know
himself.

Man can be master of nothing 인간은 그 무엇도 소유할 수 없습니다…이렇게 의역하면 좋습니다. 직역하면, 인간은 그 무엇의 주인도 될 수 없습니다…가 되지요. while he fears death 죽음을 두려워하는 동안에는… 우리는 보통 죽음을 두려워할 때라고 해석하지요. 하지만 while의 느낌을 살려서 '지속성'을 부각시킬 필요가 있는 문장이므로 '~하는 동안'으로 이해하는 편이 더 낫습니다. but he who does not fear it 그러나 죽음을 두려워하지 않는 사람은…he who는 '~하는 사람'을 뜻합니다. possesses all 모든 것을 소유합니다. 이 한 문장에서는 master와 possess를 같은 개념으로 보고 있습니다. master가 '소유자'인 겁니다. 죽음을 두려워하지 않는 자, 모든 것을 얻을 것이다…무섭긴 하네요. 그냥 철학적으로 이해하지요.

두 번째 문장입니다.

If there were no suffering,
고통이 없다면,
man would not know his limitations,
인간은 자기 능력의 한계를 알지 못할 겁니다,

would not know himself

그리고 자기 자신에 대해서도 잘 모를 겁니다…

진리의 말씀입니다. 고통을 통해서 한계를 알게 되고 자신의 참모습을 알게 된다는 거죠? 여러분이 지금껏 살아오시면서 경험하신 수많은 것들이 바로 이 문장에 고스란히 담겨 있는 듯합니다.

여러분, 비폭력 저항, nonviolent resistance, 하면 누가 생각나세요? 그렇죠. 마하트마 간디(Mahatma Gandhi)가 생각나죠. 그리고 마틴 루터 킹 목사님 생각나시죠? 그들에게 깊은 영향을 준 사람이 바로 톨스토이입니다.

지금부터는 톨스토이 최고의 단편으로 꼽히는 〈사람은 무엇으로 사는가〉를 맛보기로 잠깐 들여다봅니다.

A shoemaker named Simon,
who had neither house
nor land of his own,
lived with his wife and children
in a peasant's hut, and
earned his living by his work.
Work was cheap, but bread was
dear, and what he earned
he spent for food.

〈사람은 무엇으로 사는가〉 도입 부분입니다.

딱 두 문장이에요. 그런데 한 문장이 꽤 깁니다. 사실 문장의 길이는 독해에 큰 영향을 미치지 않습니다. 뜻밖의 말이지요? 글은 어차피 읽어내려 가면서 해석하는 것이기 때문에 문장의 길이와는 무관하다는 겁니다.

해석해볼까요?

A shoemaker named Simon

3형식 문장으로 착각하지 마세요. 이건 문장이 아니라 named Simon이 shoemaker를 수식하는 구(句)일 뿐입니다. '싸이먼이라는 이름을 가진 제화공'이라는 뜻이지요. 영어를 해석하다 보면 이런 부분이 가장 힘듭니다. 이게 동사인지 과거분사형 형용사인지의 분간이 잘 안되는 겁니다. 그게 쉬워지려면 어휘의 의미를 정확히 이해해야 합니다. 어설피 외워서는 안됩니다. A shoemaker named Simon이 말씀드린 것처럼 문장이 아니라 '구'이긴 하지만 우리말로 바꿀 때는 문장처럼 자연스럽게 해석할 필요도 있습니다.

"사이먼이라는 이름의 제화공 이야기입니다."

이런 식으로 말이지요.

, who had neither house nor land of his own,
"그는 자기 소유의 집도, 땅도 가진 게 전혀 없었습니다."

이건 관계대명사 who가 이끄는 절입니다. shoemaker
를 수식하지요. 문장을 가만히 보면 관계대명사 앞에 콤
마(,)가 붙어 있습니다. 이걸 문법용어로는 계속적 용법
이라고 하지요. 계속적 용법의 특징은 관계대명사를 바
로 해석한다는 겁니다. who를 '그는'으로 이어간다는 거
죠. 하지만 굳이 콤마가 없더라도 관계대명사는 바로 해
석을 이어 나가는 게 좋습니다. 그것이 문장이해의 흐름
이기 때문에 그렇습니다. neither house nor land, 기억
나시죠? neither A nor B 구문이요. A도 B도 아니라는
겁니다. 앞에 had가 있으니 '집도 땅도 가진 게 없었다'는
거죠. of one's own은 '자기 자신의'입니다. 그래서 had
neither house nor land of his own은 '자기 소유의 집이
나 땅을 가진 게 하나도 없었다'로 해석합니다.

그런데, 이걸 그냥 해석만 하고 넘어가지 마세요. 이 정도 문장은 회화에서 활용해도 아주 좋습니다.

우리 보통 "나는 집도 절도 없다."고 말하잖아요. 그걸 영어로 하는 겁니다.

I have neither house nor land of my own.
좋잖아요. 꼭 기억해서 활용하시기 바랍니다.
lived with his wife and children in a peasant's hut,
"아내, 그리고 아이들과 함께 한 소작농의 오두막에서 살고 있었습니다."

우리말 연결이 좀 자연스러울 필요가 있지요. 쉬운 일 아닙니다. 연습을 많이 하셔야 됩니다. 결국 원서 읽기를 통해서 우리말 구사력까지 향상될 수 있는 겁니다. 그야말로 일석이조인 셈이지요.

, and earned his living by his work.
"그리고 자기 일로 생계를 유지했습니다."

동사 earn을 이용해서 '생계를 유지하다'를 말할 때는

earn one's living을 씁니다. 그리고 make를 사용할 수
도 있어요. 그럴 때는 make one's living이 되지요. 둘
다 똑같이 '생계를 유지하다'이지만 속뜻은 다릅니다. 동
사 earn을 이용하면 '애써 노력하다'의 느낌이 포함되고
make에는 그런 느낌이 전혀 없습니다. 그저 '생계를 유지
하다' 그 자체만으로 전부입니다. 결국 earn one's living
의 보다 정확한 의미는 '애써 노력하면서 생계를 유지하
다'가 되는 것입니다.

회화에서 활용할 수 있는 문장을 확인해볼까요?

"나는 가르치는 일을 열심히 하면서 생계를 유지하고
있어." 이것을 영어로 말해보는 겁니다.

I earn my living by teaching.

정말 간단하지요? 물론 보기에는 간단하지만 직접 이
말을 하려하면 정말 힘들기 짝이 없습니다. 정확한 발음
으로 입에 붙도록 열심히 읽는 연습하세요. 강세는 earn,
living, teaching 이 세 단어에 있습니다.

Work was cheap, but bread was dear,

"일로 버는 돈은 적었지만 빵 값은 비쌌습니다,"

쉽지 않지요. Work was cheap.를 직역하면 "일은 쌌다."가 되지요. "일해서 번 돈은 적었다."로 의역합니다. bread는 '빵' 맞습니다. 옛날에는 빵이 주식이었기 때문에 지금으로 따지만 '생계비'에 해당됩니다. dear에는 '가격이 비싼', '돈이 많이 드는' 등의 의미가 포함되어 있습니다.

and what he earned he spent for food.

"그리고 그는 애써 번 돈을 음식을 위해 다 소비했습니다."

도치된 문장이에요. 원래는 and he spent what he earned for food.입니다. 도치 시키는 이유는 그 부분의 의미를 강조하기 위해서 입니다. 그리고 그 도치되는 부분으로 독자의 주의와 관심을 끌기 위해서 입니다.

A shoemaker named Simon,
who had neither house nor land
of his own, lived with his wife
and children in a peasant's hut,
and earned his living by his
work. Work was cheap,
but bread was dear, and what
he earned he spent for food.

사이먼이라는 이름을 가진 제화공 이야기입니다.

그는 자기 이름으로 된 집도 땅도 없었습니다.

아내, 그리고 아이들과 함께

한 소작농의 오두막에 살고 있었죠.

그리고 열심히 제화공 일을 하면서 생계를 유지했습니다.

벌어들이는 수입은 적었지만 생계유지비는 매우 비쌌지요.

게다가 그가 번 돈은 모두 음식을 사는 데 소비했습니다.

The man and his wife had
but one sheepskin coat between
 them for winter wear,
and even that was torn to tatters,
and this was the second year
he had been wanting to
buy sheep-skins for a new coat.

이어지는 내용입니다.

The man and his wife had but one sheepskin coat
between them for winter wear,

"그와 그의 아내는 겨울에 입을 옷으로 둘 사이에 오직
양가죽 코트 하나밖에 없었습니다."

표현 방법이 편하지는 않습니다. had but one
sheepskin coat은 '오직(but) 양가죽 코트 하나밖에 가진
게 없었다'는 뜻입니다. but를 '부사'로 쓰고 있습니다. 늘
'그러나'에만 익숙해 있는 우리에게는 어색하게 느껴지는
표현이지요.

편하게 had only one sheepskin coat라고 해도 전혀 문제
없습니다. between them도 좀 어색하지요? '그들 사이'이
니까 앞부분과 연결시키면 '그들 사이에 오직 양가죽 코트
하나밖에 가진 게 없었다'가 됩니다. 이건 결국 '오직 서로
번갈아 가면서 입는 양가죽 코트 하나밖에 없었다'의 의미
이지요.

그렇다면 영어는 had only one sheepskin coat wearing
alternately로 표현하는 게 더 편하게 이해되겠습니다. 부

사 alternately는 '번갈아', '교대로' 등의 의미로 사용되지요. for winter wear에서 wear는 명사로서 '~복'을 뜻합니다. 결국 winter wear는 '겨울 의상'이지요. '겨울에 입는 옷'입니다.

and even that was torn to tatters, and this was the second year he had been wanting to buy sheepskins for a new coat.

"게다가 그것 마저도 뜯어지고 해져서 누더기가 되었습니다, 그리고 올해로 2년째 그는 계속 새로운 코트를 만들기 위한 양가죽을 사고 싶어했습니다."

부사 even도 정확히 해석해야 합니다. '~도', '~조차' 등의 뜻입니다. 따라서 even that는 '그것조차', '그것마저' 등으로 해석합니다. 동사 tear는 '뭔가를 찢어버리다', '뭔가를 뜯어내다' 등의 의미를 갖습니다.

이 동사의 3단변화는 tear-tore-torn이지요. 과거분사인 torn은 '이미 뜯기고 해진 상태인'의 뜻을 갖습니다. 명사 tatters는 '누더기', '넝마' 등의 의미에요. 그래서 torn to tatters라고 하면 '이미 다 뜯어지고 해져서 누더기가 된 상태인'으로 이해합니다. This was the second year는

'올해가 두 번째 해'라는 뜻이지요.

그래서 '올해로 2년째로'로 말을 잇습니다. 2년째라면 과거 이전부터 올해까지 2년동안의 상황을 설명해야 하므로 시제는 과거이전인 '과거완료'를 써야 합니다. 그래서 he had been wanting to buy sheepskins for a new coat를 쓰게 된 겁니다. '과거완료진행' 시제를 이용했습니다.

과거 이 이야기를 하는 순간까지 계속 원했고 이 이야기를 하고 난 이후에도 그 원함이 지속될 것임을 암시하는 게 바로 '과거완료진행'입니다.

그리고 하나 또 궁금해지는 내용이 눈에 띕니다. 우리는 분명히 want를 상태동사로 배웠고 상태동사, 특히 want는 진행형으로 쓸 수 없다고 배우는데 여기에는 버젓이 wanting이 쓰이고 있다는 겁니다. 맞습니다.

want는 보통 '마음 속으로 뭔가를 원하고 있는 상태'를 말하는 동사입니다. 하지만 그저 상태로만 머물러 있지 않고 그 원함이 강렬해서 매시, 매분, 매초 가슴 뛰게 만든다는 강조의 의미를 전할 때는 동작동사의 느낌으로 진행형을 쓸 수 있습니다.

I love you.도 마찬가지에요. "나는 너를 늘 사랑하고 있는 상태이다."의 뜻이지요. 하지만 I'm loving you.도 가

능합니다. "내 심장이 지금 뛰고 있잖아. 난 너를 사랑하고 있단 말이야." 정도의 느낌을 loving을 통해서 전하고 있는 겁니다.

상태동사의 동작동사로의 전환은 감정표현의 전환이라고 보면 되겠습니다. 그렇다면 he had been wanting to buy sheepskins for a new coat의 정확한 의미는 '그는 그동안 새로운 코트를 위해서 계속 양가죽을 사고 싶어했었다'가 됩니다.

The man and his wife had
but one sheepskin coat between
them for winter wear,
and even that was torn to
tatters, and this was the second
year he had been wanting to
buy sheepskins for a new coat.

그와 그의 아내는 둘이 번갈아 입을 겨울 옷이
단지 양가죽 코트 하나 밖에 없었습니다.
그리고 그것마저 뜯어지고 해져서 누더기가 되었습니다.
그래서 올해로 2년째 그는 계속 새로운 코트를 위해서
양가죽을 사고 싶어했습니다.

Before winter Simon saved up a little money: a three-rouble note lay hidden in his wife's box, and five roubles and twenty kopeks were owed him by customers in the village.

어휘와 문법의 의미를 정확히 이해하고 있으면 글을 통해서 감정의 교류가 가능해집니다. 그래서 글을 읽으며 작가가 유도하는 간절함을 느끼고 기쁨과 슬픔을 공유하며 눈물도 흘릴 수 있게 되는 것이지요. 단지 이야기의 흐름 때문에만 흘리는 눈물이 아니라 문장의 섬세한 이해를 통해서 흘리는 눈물이 가능해져야 한다는 겁니다.

이어지는 내용입니다.

Before winter, Simon saved up a little money:
"겨울이 오기 전에 사이먼은 약간의 돈을 모았습니다."

보통 '돈을 저축하다'라고 하면 save money와 save up money를 같은 의미로 쓴다고 합니다. 하지만 up의 사용 유무에 따라서 느낌이 다릅니다. up가 '방향'이 아닌 '양'을 말할 때는 어떤 목표를 위해서 '가득 채워진 상태'를 의미합니다. 따라서 save money는 단지 '돈을 저축하다'가 되지만 save up money는 '목표에 필요한 돈을 다 저축하다'의 의미를 전한다는 것입니다. 결국 Before winter, Simon saved up a little money:라고 하면 "사이먼이 고객에게서 받을 돈을 계산해 봤을 때 양가죽을 사기 위해

서는 약간의 돈이 부족한데 그 부족한 만큼의 돈을 겨울
이 오기 전에 다 모았다."는 뜻이 되는 겁니다.

우리가 하찮게 생각하는 부사의 의미도 문장의 의미를
완성하는 데 절대적입니다. 문장의 형식과 의미를 완성하
는데 필요한 어휘와 품사라면 중요하지 않은 게 어디 있
겠습니까. 하나하나 세심하게 의미를 따져보고 정확히 이
해하는 게 중요합니다.

그리고 문장이 마침표로 끝나지 않고 콜론(:)으로 끝났
습니다. 그러면서 뒤에 다른 문장이 이어지지요. 어떤 의
도로 콜론을 사용하는 것인지도 분명히 알아야 합니다.

이미 앞서 설명한 문장의 의미를 확장하거나 예를 들거
나 부연설명 할 때 콜론을 이용하지요. 본문에서는 사이
먼이 양가죽을 사기 위해서 모은 돈과 고객에게 받을 돈
에 대한 자세한 부연설명이 이어집니다.

a three-rouble note lay hidden in his wife's box,
and five roubles and twenty kopeks were owed him by
customers in the village.

"3루불짜리 지폐가 아내의 보관함에 잘 놓여 있고, 5루블
20쿠펙스는 마을 고객들에게 받아야 할 돈이었습니다."

lay hidden에서 lay는 동사 lie의 과거형입니다. 3단변화는 lie-lay-lain이지요. 의미는 '~의 상태로 놓여 있다'로 쓰이고 있습니다. 뒤에 이어지는 hidden은 hide-hid-hidden, 즉 hide의 과거분사형입니다. hide는 '~을 숨기다'이고 hidden은 '숨겨진 상태에 있는'의 뜻이지요.

따라서 lie hidden은 '숨겨진 상태에 있다', '숨겨져 있다'가 되고 이것을 의역하면 '잘 놓여 있다'가 됩니다. 그리고 lay hidden은 '숨겨져 있었다'가 되지요.

결국 a three-rouble note lay hidden in his wife's box는 '3루블짜리 지폐는 그의 아내 보관함에 잘 숨겨져 놓여 있다'가 됩니다. 루블은 러시아의 화폐 단위에요. ruble이라고도 쓰지요.

우리는 동사의 3단변화가 매우 중요한 것처럼 엄청 외우지요. 예, 중요한 거 맞습니다. 그런데 문제는 기껏 외워 놓고 그것을 전혀 활용하지 못한다는 거죠. 왜요? 단어만 외우고 끝난 겁니다. 단어만 별도로 외우는 건 소용없어요. 그건 단어의 정확한 뜻을 외우는 게 아니고 대강 그 단어 언저리의 의미만 외우고 끝나는 꼴이 됩니다. 왜냐고요? 단어만 별도로 외우면 그 단어의 속뜻을 전혀 알수가 없기 때문입니다. 단어들의 속뜻은 그 단어가 문장

속에서 쓰이는 모습을 정확히 이해할 때만 알 수 있습니다. 다른 단어들과의 조합이 어떻게 이루어지는가를 문장 속에서 정확히 이해하게 될 때 비로소 그 단어의 속뜻을 이해할 수 있게 된다는 겁니다. 우리, 단어 외우지 말자고요. 원하는 단어가 있으면 그 단어가 포함된 문장을 이해하고 그 문장에 익숙해지자고요. 그래야 진정한 단어학습이 이루어지는 겁니다.

그리고 단어만 외우면 말이나 글에서 정작 그 단어를 활용해야 할 때 우리가 억지로 영작해야 되는 상황이 발생합니다.

영작이 되겠어요? 안됩니다. 그건 영작이 아니라 그냥 엉터리 영어 문장을 만드는 겁니다. 나는 영작을 했다고 생각하는데 내가 만드는 대부분의 영어문장들은 원어민들이 사용하지 않는 나만의 영어문장이 되고 맙니다.

문장이라는 것은 단순히 문법형식에 맞추어서 단어를 조합하는 게 아니라는 겁니다. 그 안에 감정이 있고 습관이 있으며 역사가 있는 겁니다. 그런 것들을 전혀 무시하고 내 마음대로 영어문장을 만들 수 없습니다. 아니, 만들어서는 안됩니다.

영어문장은 원어민들이 사용하는 그대로 사용해야 합니다. 그래서 문장 단위의 학습, 문장 속에서의 단어 이해,

문장 속에서의 문법 이해, 이게 그렇게 중요한 겁니다.

이렇게, 보다 효율적이고 정확한 학습방법을 찾아가다 보면 영어학습은 대단히 간단해집니다. 학습자의 입장에서 매우 편안하죠. 우린 그동안 영어를 괜히 어렵게 공부하고 힘들게 고민해왔던 겁니다. 학습자가 편안하게 영어를 익힐 수 있게 고민하고 연구해야 할 사람들은 여러분이 아니라 바로 저 같은 선생과 저자들입니다. 그들이 선별해 놓은 좋은 문장들을 여러분들은 그저 편히 이해하고 읽으면서 그 표현들에 익숙해지기만 하면 되는 겁니다. 여러분 모두가 힘들게 영어선생이 될 필요는 없는 거잖아요.

한참을 돌아왔네요. 다시 lie로 가볼까요?

lie를 단순 단어 암기의 스타일대로 '어떤 상태에 놓여 있다'로 외우는 건 좋지 않습니다. lie hidden처럼 '숨겨져 있다'로 정확히 이해하고 It lies hidden in the box처럼 문장에 숙달되어야 합니다. "그거 그 상자에 잘 보관되어 있어."가 정확한 이해입니다.

five roubles and twenty kopeks were owed him by customers in the village에는 수동태가 쓰였습니다. 문장의 시작이 a three-rouble note 이였기 때문에 일관성을

유지하기 위해서 '돈'을 주어로 사용하다 보니 자연스럽게 수동태를 이용하게 된 겁니다. 말이나 글에서는 이런 일관성이 대단히 중요합니다.

능동을 쓸 때는 그럴 만한 이유가 있고 수동을 쓸 때는 또 그에 합당한 이유가 있어야 되는 겁니다. 말을 잘하거나 글을 잘 쓰는 사람을 대할 때 왠지 편안함이 느껴지는 것은 그런 일관성을 잃지 않는 말과 글 때문입니다.

owe는 '~을 빚지다'의 의미이며 be owed는 '~이 갚아져야 되는 상태이다'가 직역입니다. be owed him은 '그에게 갚어져야 되는 상태이다', be owed him by customers in the village는 '마을 고객들에 의해서 그에게 갚아져야 되는 상태이다'가 직역입니다.

결국 우리말 답게 바꾸면 '~는 마을 고객들에게 받아야 할 돈이다'의 뜻이 되지요. 이 문장은 '돈'의 입장에서, '돈'을 중요하게 다룬 문장입니다. 하지만 '마을 고객들'을 중심으로 말한다면 수동태 문장이 능동태 문장으로 바뀌게 되지요. Customers in the village owed him five roubles and twenty kopeks가 되는 겁니다. "마을 고객들은 그에게 5루블 20코펙스를 빚지고 있었죠."로 해석됩니다.

수동태는 '주어의 상태'를 말합니다. 능동태는 '주어의 동작'을 말합니다. 무엇을 주어로 놓고 무엇을 중요하게 다룰 것이냐가 수동태와 능동태를 결정하는 핵심요소가 되어야 합니다. 1루블과 100코펙스는 같은 액수입니다.

여기까지 간단히 〈원서 읽기〉를 살펴봤습니다.

Before winter Simon saved up a little money: a three-rouble note lay hidden in his wife's box, and five roubles and twenty kopeks were owed him by customers in the village.

겨울이 오기 전에 사이먼은 목표했던 약간의 돈을 모았습니다: 3루블짜리 지폐는 아내의 보관상자에 잘 놓여 있었고 5루블 20코펙스는 동네 고객들에게 받을 돈이 있었습니다.

원서를 혼자 읽을 수 없다는 것, 원서 읽기에는 꼼꼼한 도움이 필요하다는 것 아시겠지요?

뭐든 섣불리 덤비면 쉽게 포기하게 됩니다. 그리고 좌절하게 됩니다. 그리고 다시 일어서기 어려워집니다. 우리가 늘 영어에 있어서 만큼은 작심삼일을 달고 사는 이유입니다. 섣불리 덤비지 마셔요.

시니어인 여러분들은 원서 읽기를 하실 자격이 충분합니다. 이미 오랫동안, 아니면 이미 과거에 영어가 무엇인지를 직간접적으로 느끼고 경험하셨기 때문입니다. 차분히, 급하지 않게 지속적으로 하나하나 이해해가면서 영어를 짚어 나가면 영어에 대한 재미도 다시 찾으실 수 있을 겁니다.

Memo

영어의
갈증을
풀어주는
영어 해설

시니어 영어 시리즈 1